Claus Schlegel
Sächsische Eisenbahnen auf alten Ansichtskarten II

Geflügelt das Rad,
Geflügelt die Zeit,
Zeig' durch die Tat
Dass du immer bereit.

Geheimer Rat von Kirchbach
General-Direktor d. Kgl. Sächs. Staats-Eisenbahnen

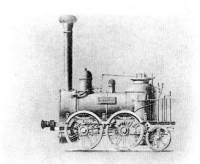

„Saxonia". Erste in Deutschland gebaute Lokomotive
ausgeführt 1838 39 nach der Planung von Prof. Schubert, Dresden,
in der Aktien-Masch.-Bauanstalt Uebigau - Dresden

3/5 gekuppelte Heißdampflokomotive (XII H) der Königl. Sächs. Staats-Eisenbahnen
Erbaut von der Sächs. Maschinenfabrik vorm. Rich. Hartmann, A.-G, Chemnitz 1906

Anfänge der sächsischen Eisenbahn

Die „Saxonia" ist die erste in Deutschland gebaute
Lokomotive. Die sä. XII H galt damals als moderne
„Heißdampflokomotive". Der Geheime Rat von Kirchbach
war von 1899 bis 1910 Generaldirektor der Königl. Sächs.
Staatseisenbahnen. Sein Nachfolger wurde Dr. Friedrich
Richard Ulbricht

Claus Schlegel

Sächsische Eisenbahnen auf alten Ansichtskarten
II

SACHSENBUCH

CIP-Titelaufnahme der Deutschen Bibliothek
Schlegel, Claus: Sächsische Eisenbahnen auf alten Ansichtskarten II/
Claus Schlegel. -
Leipzig : Sachsenbuch-Verlag, 2000
ISBN 3-89664-022-4

Dieses Buch widme ich meiner Ehefrau Christine

Titelbild: Dresdner Hauptbahnhof Anfang des Jahrhunderts
Einband hinten: Sächsische Eisenbahnassistenten – Uniformen im Wandel der Zeit
1848 – 1908

ISBN 3-89664-022-4

1. Auflage 2000
© by Sachsenbuch Verlagsgesellschaft mbH Leipzig
Gestaltung: Sachsenbuch
Gesamtherstellung: Arnold & Domnick, Leipzig

VORWORT

Nach dem ersten Bildband „Sächsische Eisenbahnen auf alten Ansichtskarten", der mit der Darstellung des westlichen Teils Sachsens auf eine erfreuliche Resonanz bei den Eisenbahn- und Ansichtskartenfreunden in Deutschland stieß, legen Autor und Verlag nunmehr das erwartete Buch zu Ostsachsen vor.

Eine längst vergangene Zeit. Die Karten und die Texte zeigen (Eisenbahn-)Leben und -Umfeld der letzten Jahre der Sächsischen Eisenbahn. So stammen die meisten Ansichtskarten aus der Zeit vor 1920. (Wenn nicht anders vermerkt, beziehen sich die Fakten, die ausnahmslos statistischen Jahrbüchern entnommen wurden, auf das Jahr 1910.) Das Buch will keine geschichtliche, gar lückenlose Abhandlung der Stationen bieten. Es ist eine Auswahl und behandelt meist die Staatseisenbahnzeit. Die in Klammer gesetzte Jahreszahl am Schluß des Textes gibt an, wann die Ansichtskarte gelaufen ist. Karten mit Lokomotiv-Abbildungen sind Beispiele und nehmen Bezug auf den vorher erwähnten Lokomotiv-Typ. Die gezeigte Lokomotive muß nicht auf der angegeben Strecke gefahren sein, auch andere Maschinen des Typs waren hier eingesetzt.

Die Kartenauswahl besteht aus Licht- und Tiefdrucken sowie Originalfotos. Auf gezeichnete oder gemalte Motive, die mir meist zu romantisch-fantasievoll scheinen, wurde ebenso weitgehend verzichtet wie auf Fotomontagen und retuschierte Karten.

Auch diese Karten verstehen sich als Zeitzeugen, nicht nur der Eisenbahn in Sachsen und ihrer Vergangenheit; sie sind auch Teil der Verkehrs- und Kulturgeschichte des Landes. Nicht wenige der abgebildeten Bahnhöfe und Stationen befinden sich heute in einem desolaten Zustand, der kaum noch an die ursprüngliche Funktion erinnert. So gilt auch hier der Wunsch, den ich im ersten Band äußerte: Die Sammlung alter Eisenbahnkarten soll erinnern und Erinnerung wachhalten, so gleichsam ein besonderes, kleines Denkmal sein.

Claus Schlegel

AUS DER CHRONIK DES SÄCHSISCHEN LOKOMOTIVBAUS

1832
Richard Hartmann kommt als Zeugschmied nach Chemnitz.

1837
Hartmann erwirbt das Bürgerrecht und beginnt mit drei Arbeitern ein eigenes Unternehmen.

1838
Schubert in Uebigau baut die „Saxonia".

1839
Haubold baut in Chemnitz die „Pegasus" und die „Teutonia".

1840
Hartmann verlegt seine Werkstatt, die mittlerweile 76 Arbeiter beschäftigt, nach der Klostermühle. Vier Jahre später bezieht er Räume in der Leipziger Straße, das Unternehmen zählt 350 Beschäftigte.

Historische Übersichtskarte Mittel- und Ostsachsen, um 1900

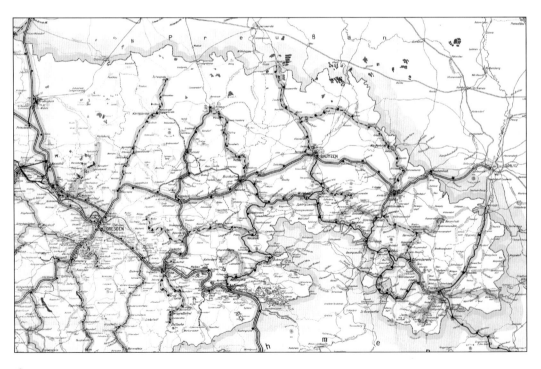

1846

Hartmann weilt mit Ingenieur Steinmetz in England, um den dortigen Lokomotivbau zu studieren. Nach der Rückkehr beginnt er in Chemnitz den Bau von Lokomotiven. Sachsen gewährt ihm auf zehn Jahre einen Kredit in Höhe von 30 000 Talern, davon fünf Jahre zinsfrei.

1848

Die erste Hartmann-Lokomotive „Glück Auf" wird an die Sächsisch-Bayrische Eisenbahn geliefert.
In den folgenden zehn Jahre entstehen im Unternehmen hundert Loks.

1860

Ein großer Fabrik-Brand erschwert die weitere Entwicklung des Lokomotivbaus.

Die 150. Lokomotive „Dresden" erhält erstmals ein Führerhaus.

1867

Die erste Lok mit Heusinger-Steuerung wird gebaut.

1868

Eine große Montagehalle für den Lokomotivbau wird ihrer Bestimmung übergeben.

1870

Die Fabrik geht in den Besitz der Aktiengesellschaft „Sächsische Maschinenfabrik zu Chemnitz" über.

1871

Die 500. Lokomotive verläßt die Fabrik von Hartmann

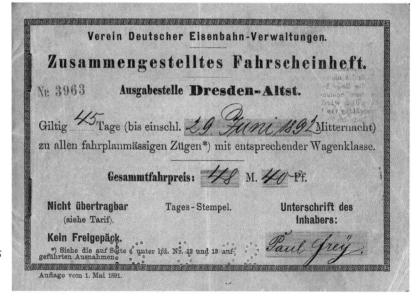

Zusammengestelltes Fahrscheinheft von 1907

1878
Tod von Richard Hartmann
Die 1 000. Lokomotive wird gebaut.

1885
Die erste Güterzug-Verbundlok mit Borries
Anfahrventil wird gebaut

1891
Die erste kurvenbewegliche Vierzylinderlok
Bauart Meyer entsteht.

1894
Die 2 000. Lokomotive wird gebaut.

1900
Auf der Pariser Weltausstellung erhält die Lok
X V, Fabrik-Nr. 2 600, den Grand Prix.

1906
Die 3 000. Lokomotive wird gebaut.

1908
Die Lokomotivfabrik erhält einen Gleisan-
schluß an das Staatsbahnnetz.

1918
Die 4 000. Lok, die XX HV, im Volksmund
„Sachsenstolz" genannt, wird in ihren Dienst
gestellt.

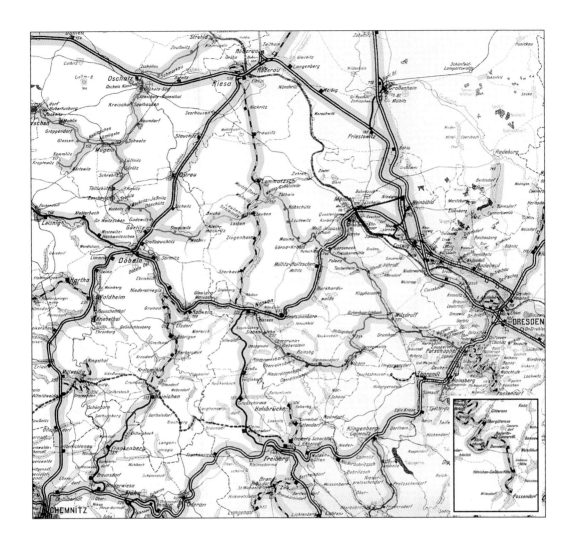

Kartenausschnitt mit dem Verlauf der Strecken
Dresden – Werdau, Leipzig – Dresden
(Teilabschnitte) und Gittersee – Possendorf
(Bild im Bild)

9

DRESDEN Hauptbahnhof (Westl. Seite)

Der Dresdner Hauptbahnhof

1892 begannen die Bauarbeiten für den Bahnhof auf dem Gelände des ehemaligen Böhmischen Bahnhofes, und 1898 war er fertiggestellt. Er war Ausgangspunkt unter anderem für die Linie Dresden-Werdau. Hier die Ausfahrt eines Personenzuges mit zwei sä. VIII V2 (1907).

Abgefertigte Personen:	6 808 625
Bedeutung im Personenverkehr:	Platz 1
Kohlenbezug:	423 305 t
Güterempfang:	961 921 t
Güterversand:	328 045 t
Bedeutung im Güterverkehr:	Platz 5
Zuständige Betriebsdirektion:	Dresden-Altstadt
Einwohner des Ortes:	551 697
Amtshauptmannschaft:	Dresden-Altstadt

Plauen'scher Grund
b. Dresden

Orig.-A. Hugo Engler, Dresden
04-1029 Ges. gesch.

Bahnhof Dresden–Plauen

Beim Bau der Albertbahn, Dresden–Tharand, bereits Anhaltepunkt, jedoch an etwas anderer Stelle, und am 28. Juni 1855 eröffnet. Plauen wurde am 1. Januar 1903 in Dresden eingemeindet. Vor dem Empfangsgebäude befindet sich eine sä. IV T in Richtung Dresden.

Abgefertigte Personen:	200 031
Bedeutung im Personenverkehr:	Platz 102
Kohlenbezug:	211 069 t
Güterempfang:	11 t
Güterversand:	33 t
Bedeutung im Güterverkehr:	Platz 809
Zuständige Betriebsdirektion:	Dresden-Altstadt
Einwohner des Ortes:	Ortsteil von Dresden
Amtshauptmannschaft:	Dresden

Bahnkörper an der Friedrich-August-Hütte.   Blick auf die Friedrich-August-Hütte während der Hochfluth.

Die Weisseritz-Hochfluth am 30. u. 31. Juli 1897.
im Plauen'schen Grunde b. Dresden.

*Überschwemmungen durch anhaltende
Niederschläge gab es im Juli 1897 in ganz
Sachsen. Mehrere Strecken waren unterbrochen
– ebenso zwischen Dresden-Plauen und
Hainsberg. Die Lok ist eine sä. VII T.*

Windberg-Semmering-Bahn   Goldene Höhe   Hänichen

Von der Dresden–Werdauer Linie zweigt auch
die neue Strecke der ehemaligen Hänichener
Kohlenbahn von Hänichen nach Possendorf ab.
Auf Beschluß der Regierung wurde die Kohlen-
bahn zu einer Eisenbahn mit öffentlichen
Personen- und Güterverkehr ausgebaut. (1911)

Gittersee-Possendorf   13

romantischen Schönheit des Plauenschen Grundes einen neuen, höhern Reiz gewähren.

Und nun zur Bahn selbst *):

Bei der gegenwärtig vollständig ihrer Lage nach bestimmten und zum größten Theil im Bau begriffenen Hauptbahn, nimmt dieselbe ihren Anfangspunct auf dem vor dem Freiberger Schlage befindlichen Platze, welcher zwischen der Tharandter Straße und der Weiseritz liegt, und unmittelbar an die Sächsisch-Böhmische Staatsbahn grenzt. Von hier aus geht dieselbe mit einer Ueberschreitung genannter Straße im Niveau 50 Ellen seitwärts der Meisterei und mit der vorgeschriebenen 500 elligen Entfernung an der Pulvermühle vorüber, dann in fast gerader Richtung nach dem Dorfe Plauen, durch dasselbe hindurch, auf die Thal-wege des Plauenschen Grundes zu und kommt hier zwischen das sogenannte Forsthaus und die Felswände des rechten Weißeritz-ufers zu liegen. In der Fortsetzung, bei welcher die Bahn oberhalb dem Forsthause die Weißeritz das erste Mal, und zwar in sehr schiefer Richtung überschreitet, auch hier nach der Thal-bildung die stärkste Krümmung auf ihrer ganzen Ausdehnung bis Tharandt erhält, zieht sich dieselbe mit zweimaliger Ueber-schreitung der Tharandter Straße im Niveau, auf dem linken Flußufer unmittelbar hinter den fiscalischen Mühlen bis an das Wehr der Letzteren im engen Thale fort, überschreitet daselbst die Weißeritz das zweite-, auch kurz darauf in der Nähe der Garni-sonmühle das dritte und vierte Mal, und erfordert hier außerdem eine kurze Verlegung der Tharandter Straße. Von der vierten Weißeritzüberschreitung abgerechnet, bei welcher das Thal sich wieder erweitert, nimmt die Bahn eine fast gerade Richtung, auf dem rechten Flußufer verbleibend, nach den Eisenhüttenwer-ken des Herrn Baron von Burgk an, muß jedoch, in deren Nähe angekommen, diesen mit einer starken Krümmung auswei-chen, und oberhalb derselben das fünfte und letzte Mal die

---

*) Die hier folgende Beschreibung verdanken wir der gefälligen authentischen Mittheilung des Herrn Ober-Ingenieur Brescius, welcher den Bau der Albertsbahn leitet.

Text aus „Beschreibung der Albert- (Dresden – Tharandter-) Bahn mit ihren Zweigbahnen des Weißeritzgebietes" von E. Gottwald, Dresden/Leipzig 1854

Gittersee / ...... Bahnhof

Bahnhof Gittersee

Damals bestand er aus Abort– und Stationsgebäude in Holzbauweise. Bis 9. Juni 1917
war die Bezeichnung des Bahnhofes Ober-
gittersee. Ein Zug mit einer ITV befindet sich
hier auf dem Weg nach Dresden.

Abgefertigte Personen:	19 738
Bedeutung im Personenverkehr:	Platz 537
Kohlenbezug:	846 t
Güterempfang:	2375 t
Güterversand:	821 t
Bedeutung im Güterverkehr:	Platz 658
Zuständige Betriebsdirektion:	Dresden-Altstadt
Einwohner des Ortes:	4128
Amtshauptmannschaft:	Dresden-Altstadt

Windberg-Semmering-Bahn   Possendorf   Bahnhof

Bahnhof Possendorf

Am 1. Oktober 1908 wurde die Teilstrecke
Hänichen–Goldene Höhe–Possendorf mit dem
Bahnhof eröffnet. Am 21. Dezember 1907
konnte bereits der Streckenabschnitt
Gittersee–Hänichen eröffnet werden. Das
Empfangsgebäude entstand ebenfalls
während des Neubaues der Bahn. (1922)

Abgefertigte Personen:	46 668
Bedeutung im Personenverkehr:	Platz 358
Kohlenbezug:	1704 t
Güterempfang:	6452 t
Güterversand:	1135 t
Bedeutung im Güterverkehr:	Platz 535
Zuständige Betriebsdirektion:	Dresden-Altstadt
Einwohner des Ortes:	1372
Amtshauptmannschaft:	Dippoldiswalde

B + B Tenderlokomotive der Sächs. Staatsbahn, Gattung I. T. V.

Erbaut von der Sächs. Masch.-Fabr. in Chemnitz 1914

Die typische Lok auf der Linie
Gittersee-Possendorf war eine sä. ITV.
Als Beispiel die 1384.

Erbaut:	1914 von der Sächs. Maschinenfabrik, vormals R. Hartmann
Maximale Geschwindigkeit:	50 km/h
Kesselüberdruck:	13 bar
Treibraddurchmesser:	1260 mm
Gewicht leer:	50,4 t
Ausgemustert:	Verlust im 1. Weltkrieg

Potschappel — Bahnhof

Bahnhof Potschappel

Ebenfalls beim Bau der Albertbahn 1855 eröffnet und bereits Station. Am 1. Oktober 1886 wurde im Bahnhof noch die Schmalspurlinie nach Wilsdruff eingebunden. Durch den viergleisigen Ausbau der Strecke waren umfangreiche Veränderungen nötig. 1913 wurde noch eine schmalspurige Verbindung zwischen Hainsberg und Potschappel zur Linie Hainsberg–Kipsdorf hergestellt. (1924)

Abgefertigte Personen:	879 600
Bedeutung im Personenverkehr:	Platz 14
Kohlenbezug:	18 124 t
Güterempfang:	388 207 t
Güterversand:	453 676 t
Bedeutung im Güterverkehr:	Platz 9
Zuständige Betriebsdirektion:	Dresden-Altstadt
Einwohner des Ortes:	10 004
Amtshauptmannschaft:	Dresden-Altstadt

Bahnhof Hainsberg

Bahnhof Hainsberg

Anhaltepunkt der Albertbahn, am 28. Juni 1855 eröffnet. Ab 1. November 1882 nahm der Bahnhof eine Schmalspurlinie nach Schmiedeberg, später bis Kipsdorf, auf. Die Inbetriebnahme der neuen Hochgleise zwischen Pottschappel und Hainsberg 1905 machten einen größeren Bahnhofsumbau erforderlich. In dem Zusammenhang entstand auch das Empfangsgebäude. (1913)

Abgefertigte Personen:	245 844
Bedeutung im Personenverkehr:	Platz 83
Kohlenbezug:	21 791 t
Güterempfang:	107 913 t
Güterversand:	136 818 t
Bedeutung im Güterverkehr:	Platz 40
Zuständige Betriebsdirektion:	Dresden-Altstadt
Einwohner des Ortes:	1892
Amtshauptmannschaft:	Dresden-Altstadt

Bahnhof Tharandt

Er war Endpunkt der Albertbahn, ebenfalls am 28. Juni 1855 eröffnet. Das dem lokalen Baustil angepaßte Empfangsgebäude wurde 1909 errichtet. An der Rampe steht eine sä. XIV HT. Im Bildvordergrund sä. Räumsignale.

Abgefertigte Personen:	372 249
Bedeutung im Personenverkehr:	Platz 48
Kohlenbezug:	10 282 t
Güterempfang:	21 947 t
Güterversand:	16 151 t
Bedeutung im Güterverkehr:	Platz 251
Zuständige Betriebsdirektion:	Dresden-Altstadt
Einwohner des Ortes:	3149
Amtshauptmannschaft:	Dresden-Altstadt

3/5 gek. Sächsische Personenzug-Tenderlokomotive

Die sä. XIV HT Nummer 1349 (bei DRG 75 516)

Erbaut:	1911 von der Sächs. Maschinenfabrik, vormals R. Hartmann
Maximale Geschwindigkeit:	75 km/h
Kesselüberdruck:	12 bar
Treibraddurchmesser:	1590 mm
Gewicht leer:	60,1 t
Ausgemustert:	1969

Eisenbahn-Tunnel

Edle Krone b. Tharandt

Orig.-A. Hugo Engler, Dresden 01-852

Bahnhof Edle Krone, Eisenbahntunnel

Mit der Fortsetzung der Linie
Dresden–Tharandt bis Freiberg wurde am
11. August 1862 hier ein Anhaltepunkt errichtet. Um 1880 wurden dann Wirtschaftsgebäude und Güterschuppen errichtet. Das
Empfangsgebäude kam erst später hinzu. Vor

dem Tunnel eine sä. VIII V2 aus
Richtung Chemnitz. An dieser Stelle
gab es öfters Betriebsstörungen
durch Felsrutschungen. (1902)

Abgefertigte Personen:	94720
Bedeutung im Personenverkehr:	Platz 211
Kohlenbezug:	1783 t
Güterempfang:	6622 t
Güterversand:	4842 t
Bedeutung im Güterverkehr:	Platz 467
Zuständige Betriebsdirektion:	Dresden-Altstadt
Einwohner des Ortes:	Ortsteil von Höckendorf
Amtshauptmannschaft:	Dippoldiswalde

Partie a. d. Seerenthal b. Grillenburg, am 14. April 1900.

Verlag von Paul Glanzberg, Grillenburg

Ein Bahnwärterhaus III. Klasse im Tharandter Wald
Der Bahnwärter sicherte den Wirtschaftsweg-übergang. Das Frontmachen der Bahnwärter fiel nach einer neuen Signalordnung ab 1.Januar 1893 weg. Demnach gab es für den Bahnwärter das Signal „Der Zug darf ungehindert passieren" nicht mehr. (1900)

Dresden–Werdau 23

Grillenburger Wald — Motiv bei Klingenberg 774

Ebenfalls im Tharandter Wald ein Schnapp-
schuß vom Schnellzug. Die Vorspannlok ist
eine sä. XIV HT (BR 75), und als Zuglok fun-
giert ein Rollwagen (BR 38). (1918)

24   Dresden–Werdau

Klingenberg-Colmnitz   Bahnhof

Bahnhof Klingenberg–Colmnitz

Als Station Klingenberg mit dem Streckenteil Tharandt–Freiberg am 11. August 1862 eröffnet. Die Bezeichnung Klingenberg–Colmnitz erhielt er 1883. Vor dem Empfangsgebäude die Lok IX V Nr. 765, spätere 56512. (1910)

Abgefertigte Personen:	117 722
Bedeutung im Personenverkehr:	Platz 173
Kohlenbezug:	9262 t
Güterempfang:	34 184 t
Güterversand:	20 735 t
Bedeutung im Güterverkehr:	Platz 181
Zuständige Betriebsdirektion:	Dresden-Altstadt
Einwohner des Ortes:	1223/ 2431 Klingenberg/Colmnitz
Amtshauptmannschaft:	Dresden-Altstadt/Freiberg

Freiberg i. S. I. 23. Nov. 1901.
Bahnhof

Dr. Trenkler Co., Leipzig. 9568

Bahnhof Freiberg

Hier kreuzten sich die Strecken
Dresden–Werdau und Nossen–Moldau. Das
Empfangsgebäude stammt noch aus der Zeit
der Eröffnung des Bahnhofes in Freiberg am
11. August 1862. Die Ausbauarbeiten dauer-
ten noch 1863 an. (1901)

Abgefertigte Personen:	747 692
Bedeutung im Personenverkehr:	Platz 20
Kohlenbezug:	63 540 t
Güterempfang:	186 016 t
Güterversand:	87 271 t
Bedeutung im Güterverkehr:	Platz 34
Zuständige Betriebsdirektion:	Dresden-Altstadt
Einwohner des Ortes:	36 237
Amtshauptmannschaft:	Freiberg

Bahnhof Frankenstein i. Sa.

Eisenbahnbrücke Oberschöna

Bahnhof Frankenstein

Eröffnet wurde der Bahnhof mit der Teilstrecke Flöha–Freiberg am 1. März 1869. Damit war die Strecke Dresden–Werdau fertiggestellt und durchgehend befahrbar. Der Viadukt überspannt Oberschöna.

Abgefertigte Personen:	48 245
Bedeutung im Personenverkehr:	Platz 352
Kohlenbezug:	6046 t
Güterempfang:	14 059 t
Güterversand:	6758 t
Bedeutung im Güterverkehr:	Platz 355
Zuständige Betriebsdirektion:	Dresden-Altstadt
Einwohner des Ortes:	421
Amtshauptmannschaft:	Flöha

Bahnhof Glaubitz – Langenberg

Bahnhof Langenberg

Eröffnet als Anhaltepunkt Langenberg 1842 an der Leipzig–Dresdner–Eisenbahn. Die Umbenennung in Glaubitz erfolgte 1924. Über die Wagendrehscheibe wurde das Güterbodengleis bedient. (1915)

Abgefertigte Personen:	44 337
Bedeutung im Personenverkehr:	Platz 368
Kohlenbezug:	6788 t
Güterempfang:	13 823 t
Güterversand:	6438 t
Bedeutung im Güterverkehr:	Platz 361
Zuständige Betriebsdirektion:	Leipzig II
Einwohner des Ortes:	Ortsteil von Glaubitz
Amtshauptmannschaft:	Großenhain

Vereinshaus Bahnhof Weißig b. Großenhain. Inh. R. Neumann

Haltestelle Weißig

Sie wurde an der Strecke Leipzig–Dresden am 15. September 1883 eröffnet. 1899 wurde der Haltepunkt in eine Haltestelle umgebaut. Dabei wurden ein Empfangsgebäude mit Dienstwohnung angebaut sowie Weichen und Signale errichtet.

Abgefertigte Personen:	27 928
Bedeutung im Personenverkehr:	Platz 455
Kohlenbezug:	11 908 t
Güterempfang:	30 293 t
Güterversand:	29 719 t
Bedeutung im Güterverkehr:	Platz 171
Zuständige Betriebsdirektion:	Leipzig II
Einwohner des Ortes:	273
Amtshauptmannschaft:	Großenhain

Gruss aus Priestewitz.

Bahnhof Priestewitz

Bereits mit der Eröffnung des Abschnittes
Riesa–Oberau der Leipzig–Dresdner-Eisen-
bahn am 7. April 1839 hatte Priestewitz eine
Station. Seit 1862 zweigt hier eine Bahn nach
Großenhain ab. Vor dem Empfangsgebäude
steht eine sä. V. (1908)

Abgefertigte Personen:	94 323
Bedeutung im Personenverkehr:	Platz 213
Kohlenbezug:	4221 t
Güterempfang:	10 678 t
Güterversand:	18 459 t
Bedeutung im Güterverkehr:	Platz 294
Zuständige Betriebsdirektion:	Leipzig II
Einwohner des Ortes:	785
Amtshauptmannschaft:	Großenhain

³/₃ gekuppelte Güterzugs-Lokomotive
Erbaut v. d. Sächs. Maschinenfabrik zu Chemnitz vorm. Rich. Hartmann, 1870.
Dienstgewicht 38050 kg.

Güterzug-Lokomotive sä.V Nummer 854

Erbaut:	1870 von der Sächs. Maschinenfabrik, vormals R. Hartmann
Maximale Geschwindigkeit:	45 km/h
Kesselüberdruck:	8,4 bar
Treibraddurchmesser:	1370 mm
Gewicht ohne Tender leer:	34 t
Ausgemustert:	1923

Tunnel bei Oberau mit Wache

Tunnel bei Oberau

Errichtet beim Bau der Leipzig–Dresdner-
Eisenbahn 1837–1839. Er war 512 m lang. Die
Fahrzeuge wurden im Laufe der Jahre größer
und die Außmaße des Tunnels reichten nicht
mehr aus. 1933/34 wurde er abgetragen. Vor
dem Tunnel eine Wache während des ersten
Weltkrieges 1914. (1915)

Niederau, Bez. Dresden   Bahnhof

Bahnhof Niederau

Ältestes noch in Betrieb befindliches
Empfangsgebäude in Deutschland. Es wurde
1842 errichtet und ist im wesentlichen in sei-
nem Ursprung erhalten. Vor dem Gebäude
eine sä. VIII V1

Abgefertigte Personen:	52 599
Bedeutung im Personenverkehr:	Platz 333
Kohlenbezug:	7259 t
Güterempfang:	56 475 t
Güterversand:	32 688 t
Bedeutung im Güterverkehr:	Platz 114
Zuständige Betriebsdirektion:	Leipzig II
Einwohner des Ortes:	1314
Amtshauptmannschaft:	Meißen

Bahnhof Coswig

Coswig hatte bereits zu Beginn einen Anhaltepunkt an dieser Strecke. Eine Station entstand aber erst beim Bau der Linie Borsdorf – Coswig 1860. Das Empfangsgebäude auf der Karte ist 1893/94 erbaut. (1907)

Abgefertigte Personen:	545 720
Bedeutung im Personenverkehr:	Platz 29
Kohlenbezug:	38 611 t
Güterempfang:	84 168 t
Güterversand:	29 546 t
Bedeutung im Güterverkehr:	Platz 88
Zuständige Betriebsdirektion:	Leipzig II
Einwohner des Ortes:	3369
Amtshauptmannschaft:	Meißen

Bahnhof Kötzschenbroda

Anfänglich nur Anhaltepunkt. Das Empfangsgebäude wurde 1896 errichtet. Am Bahnsteig ein Personenzug mit einer sä. VI in Richtung Dresden. (1904)

Abgefertigte Personen:	583 987
Bedeutung im Personenverkehr:	Platz 26
Kohlenbezug:	20 312 t
Güterempfang:	36 012 t
Güterversand:	6111 t
Bedeutung im Güterverkehr:	Platz 231
Zuständige Betriebsdirektion:	Dresden-Neustadt
Einwohner des Ortes:	6444
Amtshauptmannschaft:	Dresden-Neustadt

Bahnhof Radebeul

Der Bahnhof wurde nach der Fertigstellung der Linie Borsdorf–Coswig am 29. November 1860 eröffnet. Während des viergleisigen Ausbaus der Linie von Dresden nach Coswig wurde er 1890–1901 grundlegend umgebaut. Auch wurde er Ausgangspunkt einer Schmalspurbahn. Vor dem Personenzug befindet sich eine sä. VI. (1907)

Abgefertigte Personen:	579 942
Bedeutung im Personenverkehr:	Platz 27
Kohlenbezug:	?? t
Güterempfang:	148 210 t
Güterversand:	79 662 t
Bedeutung im Güterverkehr:	Platz 45
Zuständige Betriebsdirektion:	Dresden-Neustadt
Einwohner des Ortes:	11 402
Amtshauptmannschaft:	Dresden-Neustadt

Die sä. VI, Nummer 51

Erbaut:	1870 von der Sächs. Maschinenfabrik, vormals R. Hartmann
Maximale Geschwindigkeit:	85 km/h
Kesselüberdruck:	8,5 bar
Treibraddurchmesser:	1830 mm
Gewicht ohne Tender leer:	32,3 t

Eisenbahn-Unglück in Dresden am 22.9.18.

Photo-Hoxhold, Dresden I.

Schweres Unglück 1918 in Dresden
Am 22. September 1918 geschah das schwerste
Eisenbahnunglück während der Staatsbahnzeit
in Sachsen. Nach 22 Uhr fuhr ein Schnellzug
aus Leipzig auf einen Schnellzug aus Berlin
auf. Die letzten drei Wagen des Zuges aus Berlin wurden ineinandergeschoben. 38 Personen
verloren dabei ihr Leben.

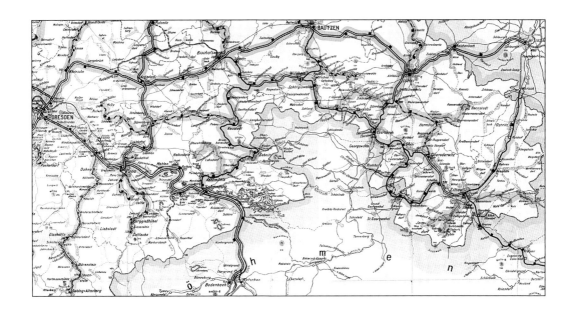

Kartenausschnitt mit dem Verlauf der Strecken
Görlitz–Dresden, Bodenbach–Dresden und
Pirna–Bad Gottleuba

Reichenbach, O.-L.   Bahnhof.

Verlag: G. Gähde, Reichenbach, O.-L.

Bahnhof Reichenbach O.L.

Eröffnet mit der Teilstrecke Löbau–Reichenbach am 1. Juli 1847. Sein Aussehen auf der Karte vollzog sich bei einem größeren Bahnhofsumbau 1874. Hier wurde auch das 3. Gleis errichtet. (1911)

Abgefertigte Personen:	112 055
Bedeutung im Personenverkehr:	Platz 182
Kohlenbezug:	11 988 t
Güterempfang:	28 364 t
Güterversand:	16 468 t
Bedeutung im Güterverkehr:	Platz 221
Zuständige Betriebsdirektion:	Dresden-Neustadt

Löbau i. Sa.   *Bahnhofs-Terrain und Blick auf den Löbauer Berg*

30044

Bahnhof Löbau

Löbau erreichte die Eisenbahn mit der Fertigstellung des Streckenabschnittes Bautzen–Löbau am 23. Dezember 1846. Durch den Bau der Bahnlinien 1848 nach Zittau, 1873 nach Ebersbach sowie 1895 nach Weissenberg wurde der Bahnhof zu einem bedeutenden Knoten. Am Bahnsteig rechts steht eine Lok sä. III. Das Empfangsgebäude entstand mit der Bahnhofserweiterung und wurde 1877 vollendet. (1913)

Abgefertigte Personen:	401 105
Bedeutung im Personenverkehr:	Platz 46
Kohlenbezug:	56 363 t
Güterempfang:	163 364 t
Güterversand:	62 232 t
Bedeutung im Güterverkehr:	Platz 46
Zuständige Betriebsdirektion:	Dresden-Neustadt
Einwohner des Ortes:	11 261
Amtshauptmannschaft:	Löbau

Löbauer Viadukt

Der erste Löbauer Viadukt war nur zehn Jahre in Betrieb. Am 1. Januar 1855 brach ein Pfeiler zusammen, und weitere folgten. Der hier abgebildete Viadukt wurde 1855 an gleicher Stelle neu errichtet. Auf der Brücke ein Güterzug mit einer sä. VV. Die Brücke ist 181 m lang und 24 m hoch. (1913)

Bahnhof Bautzen

Der Bahnhof wurde mit dem Streckenabschnitt Bischofswerda–Bautzen am 23. Juli 1846 eingeweiht. Er entwickelte sich zum Eisenbahnknoten der Strecken Görlitz–Dresden, Bautzen–Schandau, Bautzen–Hoyerswerda und der Linie Bautzen–Radibor–Weissenberg. Das Empfangsgebäude rechts im Hintergrund wurde 1877 errichtet. Die Lok vor dem Schuppen ist eine sä. III b. (1909)

Abgefertigte Personen:	790342
Bedeutung im Personenverkehr:	Platz 18
Kohlenbezug:	74843 t
Güterempfang:	195828 t
Güterversand:	94702 t
Bedeutung im Güterverkehr:	Platz 30
Zuständige Betriebsdirektion:	Dresden-Neustadt
Einwohner des Ortes:	32975
Amtshauptmannschaft:	Bautzen

Bautzen (Eisenbahn-Viadukt)

Der Bautzener Eisenbahnviadukt

Er überbrückt die Linie Görlitz–Dresden über
die Spree. Auf dem Viadukt eine sä. VI b V mit
einem Schnellzug nach Dresden. (1905)

2/3 gekuppelte Schnellzug–Verbund–Locomotive
Erbaut von der Sächsischen Maschinenfabrik 1890.

Verlag von Richard Liebold, Chemnitz, Langestraße 59

Schnellzug-Lokomotive sä. VI b V Nummer 170

Erbaut:	1890 vonder Sächs. Maschinenfabrik, vormals R. Hartmann
Maximale Geschwindigkeit:	85 km/h
Kesselüberdruck:	12 bar
Treibraddurchmesser:	1875 mm
Gewicht ohne Tender leer:	38,5 t
Ausgemustert:	1923

Bahnhof Demitz · Gruss aus Demitz-Thumitz

DEMITZ.

Bahnhof Demitz

Die Bahn kam mit der Eröffnung des Streckenabschnittes Bautzen–Bischofswerda am 23. Juni 1846 hierher. Die Wartehalle wurde 1876 errichtet. Das rechte Gebäude ist die Bahnhofswirtschaft.

Abgefertigte Personen:	91 393
Bedeutung im Personenverkehr:	Platz 220
Kohlenbezug:	6977 t
Güterempfang:	13 806 t
Güterversand:	169 581 t
Bedeutung im Güterverkehr:	Platz 53
Zuständige Betriebsdirektion:	Dresden-Neustadt
Einwohner des Ortes:	1923 mit Thumitz
Amtshauptmannschaft:	Bautzen

Gruss aus Demitz-Thumitz mit Viadukt und Klosterberg.

Brücke Demitz

Sie ist 224 m lang und 17 m hoch. Auf ihr
fährt eine sä. I V mit einem Güterzug nach
Bischofswerda.

Bischofswerda i. Sa.   Gesamtansicht

Bahnhof Bischofswerda

Eröffnet mit dem Streckenabschnitt
Bischofswerda–Radeberg am 22. Dezember
1845. Kreuzungspunkt der Strecken
Görlitz–Dresden, Kamenz–Bischofswerda und
der Strecke nach Niederneukirch. Das stattliche Empfangsgebäude entstand 1879. (1914)

Abgefertigte Personen:	307426
Bedeutung im Personenverkehr:	Platz 66
Kohlenbezug:	52169 t
Güterempfang:	90958 t
Güterversand:	39019 t
Bedeutung im Güterverkehr:	Platz 72
Zuständige Betriebsdirektion:	Dresden-Neustadt
Einwohner des Ortes:	8048
Amtshauptmannschaft:	Bautzen

Gruß aus Gasthaus zur Erholung

Straßenübergang

*am Gasthof „Erholung" neben der ehemaligen
Haltestelle Fischbach. Fischbach wurde am
8. Januar 1877 als Haltestelle eingezogen. Am
Straßenübergang entstand später eine
Straßenüberbrückung. (1917)*

Görlitz–Dresden   *49*

Arnsdorf i. Sa. Bahnhof.

Bahnhof Arnsdorf

Entstand 1871 als Abzweig der Linie Radeberg–Kamenz und lag westlich der ehemaligen Haltestelle Fischbach. Mit der Eröffnung der Strecke nach Pirna 1875 wurde er zum Knotenpunkt. Das alte Empfangsgebäude wurde am 24. Dezember 1886 durch Feuer zerstört und brannte ab. 1887 wurde es wieder aufgebaut und gleichzeitig vergrößert. (1907)

Abgefertigte Personen:	160 805
Bedeutung im Personenverkehr:	Platz 123
Kohlenbezug:	13 113 t
Güterempfang:	49 668 t
Güterversand:	15 672 t
Bedeutung im Güterverkehr:	Platz 156
Zuständige Betriebsdirektion:	Dresden-Neustadt
Einwohner des Ortes:	1773
Amtshauptmannschaft:	Dresden-Neustadt

Radeberg i. Sa. Am Güterbahnhof

Bahnhof Radeberg

Eine Station entstand schon mit Eröffnung des Streckenabschnittes Dresden–Radeberg, der Linie Dresden Görlitz, am 17. November 1845. Hier ein Blick über die Gütergleisanlagen in Richtung Görlitz. Ein neues Stationsgebäude erhielt der Bahnhof 1897. Im Hintergrund die eiserne Straßenbrücke mit dem Wasserturm.

Abgefertigte Personen:	511 326
Bedeutung im Personenverkehr:	Platz 31
Kohlenbezug:	126 322 t
Güterempfang:	220 762 t
Güterversand:	68 409 t
Bedeutung im Güterverkehr:	Platz 31
Zuständige Betriebsdirektion:	Dresden-Neustadt
Einwohner des Ortes:	13 413
Amtshauptmannschaft:	Dresden-Neustadt

Der neue Bahnhof   Klotzsche-Königswald

Bahnhof Klotzsche

Der Bahnhof liegt an der Strecke Görlitz – Dresden. Erst 1873 wurde hier ein Haltepunkt in erster Linie für die Königsfamilie eingerichtet. Infolge Einmündung der Linie nach Königsbrück gab es 1884 große Veränderungen. Das Empfangsgebäude entstand 1907.

Abgefertigte Personen:	720 117
Bedeutung im Personenverkehr:	Platz 21
Kohlenbezug:	9620 t
Güterempfang:	30 957 t
Güterversand:	11 580 t
Bedeutung im Güterverkehr:	Platz 229
Zuständige Betriebsdirektion:	Dresden-Neustadt
Einwohner des Ortes:	5171
Amtshauptmannschaft:	Dresden-Neustadt

Dresden — Neustädter Bahnhof

Bahnhof Dresden-Neustadt

Der Bahnhof ging am 1. März 1901 in Betrieb. Der Güterbahnhof Dresden-Neustadt entstand großenteils auf dem Gelände des ehemaligen Leipziger Bahnhofes. Der Personenbahnhof wurde 1898 bis 1901 errichtet und steht auf dem Gelände des ehemaligen Schlesischen Bahnhofes. (1912)

Abgefertigte Personen:	2 874 205
Bedeutung im Personenverkehr:	Platz 4
Kohlenbezug:	260 765 t
Güterempfang:	698 585 t
Güterversand:	356 798 t
Bedeutung im Güterverkehr:	Platz 7
Zuständige Betriebsdirektion:	Dresden-Neustadt

Blick vom Bodenbacher
Bahnhof nach Tetschen

Gruß aus

Tetschen grüßen

Adolf Reichel + Frau ;

Verlag: Alois Barsch, Bodenbach a. E. 540

Bahnhof Bodenbach (Podmockly)

Eröffnet wurde der Bahnhof am 6. April 1851.
In der Bildmitte das Heizhaus und im Hintergrund das Tetschener Schloß. Links die
Schäferwand. Bodenbach war Grenzbahnhof
zu den Österreichischen Eisenbahnen.(1901)

Abgefertigte Personen:	156580
Bedeutung im Personenverkehr:	Platz 129
Kohlenbezug:	16543 t
Güterempfang:	84748 t
Güterversand:	130431 t
Bedeutung im Güterverkehr:	Platz 24
Zuständige Betriebsdirektion:	Dresden-Altstadt

BODENBACH a. d. Elbe.

„Weiher" mit Schäferwand.

Die Schäferwand von der anderen Seite mit
Tunnel in Richtung Bodenbach.

Bodenbach–Dresden 55

Gruß aus Schöna, den 29/6 905
(Sächs. Schweiz)

Bahnhof Schöna

Letzte Station vor Österreich, heute
Tschechien. Die Station wurde schon mit dem
Bau der Strecke Krippen–Bodenbach am
6. April 1851 eröffnet. Ein Personenzug verläßt gerade den Bahnhof nach Bodenbach.
Ein Haltestellengebäude wurde 1891 errichtet. (1903)

Abgefertigte Personen:	109 540
Bedeutung im Personenverkehr:	Platz 187
Kohlenbezug:	1986 t
Güterempfang:	6747 t
Güterversand:	15 103 t
Bedeutung im Güterverkehr:	Platz 346
Zuständige Betriebsdirektion:	Dresden-Altstadt
Einwohner des Ortes:	1021
Amtshauptmannschaft:	Pirna

Bahnhof Schandau u. Wendischfähre.

Bahnhof Schandau

Der Bahnhof liegt an der Linie Dresden–Bodenbach, wurde jedoch erst in Verbindung mit dem Bau der Linie Bautzen–Schandau am 1. Juli 1877 eröffnet. Die benachbarte Station Krippen wurde deshalb zur Haltestelle herabgesetzt. Eine sä. VIII V1 vor einem Personenzug steht abfahrbereit in Richtung Bodenbach.

Abgefertigte Personen:	297 334
Bedeutung im Personenverkehr:	Platz 71
Kohlenbezug:	19 220 t
Güterempfang:	29 544 t
Güterversand:	21 953 t
Bedeutung im Güterverkehr:	Platz 192
Zuständige Betriebsdirektion:	Dresden-Altstadt
Einwohner des Ortes:	3403
Amtshauptmannschaft:	Pirna

Sächs. Schweiz   Bahnhof u. Festung Königstein (Elbe)

Bahnhof Königsstein

Königstein hatte bereits eine Station mit der Eröffnung der Teilstrecke von Pirna nach Königstein am 9. Mai 1850. Rechts im Bild dampft die „König Georg" auf der Elbe.

Abgefertigte Personen:	203 656
Bedeutung im Personenverkehr:	Platz 99
Kohlenbezug:	21 926 t
Güterempfang:	53 672 t
Güterversand:	40 133 t
Bedeutung im Güterverkehr:	Platz 106
Zuständige Betriebsdirektion:	Dresden-Altstadt
Einwohner des Ortes:	4082
Amtshauptmannschaft:	Pirna

No. 310   Gebr.der Richter, Dresden.

Bahnhof Pötzscha.

Haltestelle Pötzscha

Pötzscha war bereits Anhaltepunkt bei der Eröffnung des Streckenabschnittes Pirna – Königsstein am 9. Mai 1850. Das Haltestellengebäude wurde 1875 errichtet. Heute nennt sich der Haltepunkt Stadt Wehlen. (1916)

Abgefertigte Personen:	103 562
Bedeutung im Personenverkehr:	Platz 201
Kohlenbezug:	0 t
Güterempfang:	241 t
Güterversand:	133 t
Bedeutung im Güterverkehr:	Platz 749
Zuständige Betriebsdirektion:	Dresden-Altstadt
Einwohner des Ortes:	206
Amtshauptmannschaft:	Pirna

Bahnhof Pirna

Der Bahnhof liegt an der Strecke Dresden –
Bodenbach und wurde am 1. August 1848
eröffnet. Ab 1875 zweigt eine Bahn von hier
nach Kamenz ab. In dieser Zeit entstand auch
das Empfangsgebäude. Ab 1881 kam hier
noch eine Strecke nach Berggießhübel hinzu.
Am Hausbahnsteig eine sä. III mit einem
Personenzug. (1908)

Abgefertigte Personen:	1 314 986
Bedeutung im Personenverkehr:	Platz 8
Kohlenbezug:	106 793 t
Güterempfang:	306 576 t
Güterversand:	160 481 t
Bedeutung im Güterverkehr:	Platz 17
Zuständige Betriebsdirektion:	Dresden-Altstadt
Einwohner des Ortes:	19 525
Amtshauptmannschaft:	Pirna

„Bahnschenke", Pirna-Süd.

Haltepunkt Pirna Süd

Er liegt an der Linie Pirna–Gottleuba, die von der Bodenbacher Linie abzweigt. Diese Strecke wurde am 19. Juli 1880 eröffnet. Der Haltepunkt entstand erst ein Jahr später. Ausgebaut und um einige Meter verlegt wurde er erst mit dem Bau der abzweigenden Strecke nach Großcotta 1894. Der Fahrkartenverkauf war hier in der Gaststätte. Das war nicht selten auf kleinen Haltestellen in Sachsen.

Abgefertigte Personen:	65 666
Bedeutung im Personenverkehr:	Platz 287
Kohlenbezug:	29 302 t
Güterempfang:	0 t
Güterversand:	1 t
Bedeutung im Güterverkehr:	Platz 856
Zuständige Betriebsdirektion:	Dresden-Altstadt

Pirna a. E.

Kaserne d. 2. Feld-Art. Reg. No. 28
vom Oktbr. 1913 Kaserne des 1. Pionier-Bat. 12.

*Die Strecke nach Berggießhübel an der
Pionierkaserne in Pirna. (1918)*

Gruss aus *Langenhennersdorf*, Sächs. Schweiz

Gasthaus zur Waldburg

An der Strecke bei Langenhennersdorf. Der Zug wird von einer VII T gezogen und fährt in Richtung Berggießhübel. Diese Karte entstand 1905.

Bahnhof

Bad Berggiesshübel

2133 Paul Heine, Dresden-N., Döbelnerstr. 3

Bahnhof Berggießhübel

Endpunkt der am 19. Juli 1880 eröffneten Strecke von Pirna. 1905 wurde die Bahnlinie weiter bis Gottleuba verlängert. Ein Personenzug mit einer sä. VII TS steht abfahrbereit. (1904)

Abgefertigte Personen:	29 732
Bedeutung im Personenverkehr:	Platz 447
Kohlenbezug:	1727 t
Güterempfang:	4756 t
Güterversand:	2376 t
Bedeutung im Güterverkehr:	Platz 546
Zuständige Betriebsdirektion:	Dresden-Altstadt
Einwohner des Ortes:	1327
Amtshauptmannschaft:	Pirna

Bad Gottleuba, Bahnhof mit Blick auf die Heilstätte

Hartmannsbach

Bahnhof Bad Gottleuba

Der Bahnhof wurde mit dem Streckenteil von Berggießhübel am 1. Juli 1905 eröffnet. Da jetzt Bad Gottleuba Endpunkt der Linie war, wurden die Loks von Berggießhübel hierher stationiert. Am Bahnsteig steht ein Personenzug abfahrbereit nach Pirna. Die Linie wurde 1976 stillgelegt. (1911)

Abgefertigte Personen:	43 204
Bedeutung im Personenverkehr:	Platz 372
Kohlenbezug:	2341 t
Güterempfang:	36 248 t
Güterversand:	2051 t
Bedeutung im Güterverkehr:	Platz 250
Zuständige Betriebsdirektion:	Dresden-Altstadt
Einwohner des Ortes:	1414
Amtshauptmannschaft:	Pirna

Unglück 1899
Das Eisenbahnunglück bei Pirna geschah am
13. August 1899. Kurz nach 21 Uhr fuhr vor
dem Bahnhof Pirna der von Schandau kom-
mende Personenzug 540 auf einen noch vor
dem Einfahrtsignal haltenden Güterzug auf.
Zwei Personenwagen und drei Güterwagen wurden zertrümmert. Es gab mehrere zum Teil
schwer Verletzte. Durch den Aufprall waren
beide Gleise gesperrt.

*— Ueber das Eisenbahnunglück zwischen den Stationen Pirna und Obervogelgesang wird uns noch geschrieben: „Während sich am Sonntag abend in der 10. Stunde auf dem jenseits Pirnas gelegenen Festplatze der Copitzer Vogelwiese ein großer Theil der Einwohnerschaft Pirnas und zahlreiche auswärtige Gäste amüsirten, während Ausflügler von fern und nah den heimischen Penaten oder dem Bahnhofe zustrebten, erscholl plötzlich vom Bahndamme oberhalb der Station Pirna her ein donnerähnliches Geräusch, welches man sogar in dem ca. 20 Minuten von Pirna entfernten Gasthof zu Mockethal hörte. Man schenkte der Sache erst wenig Beachtung und meinte, es handle sich nur um einen Freudenschuß übermüthiger Burschen. Alsbald aber erklangen in den Straßen Pirnas Feuerwehralarmsignale und nun verbreitete sich die Nachricht von dem Eisenbahnunglück mit Windeseile. Die Feuerwehrsamariter und zahlreiche Neugierige eilten nach der Unfallstelle, die sich noch im Bereiche der Stadt befindet, und zwar auf einem hohen Bahndamm, den nur ein leichtes Eisengeländer abschließt. Den Ankommenden bot sich ein Bild der Verwüstung und des Schreckens dar und infolge des nächtlichen Dunkels war die Verwirrung um so größer. Der Thatbestand ist bekannt. Während die Lokomotive und die beiden folgenden Wagen des Personenzuges, der auf einen auf demselben Gleis haltenden Güterzug aufgefahren war, ein Gepäck- und ein Eilgutwagen, wenig beschädigt wurden, war an dem ersten Personenwagen die Stirnwand in das Innere gedrückt worden und hatte die Coupéeinrichtung vollständig zerdrückt. In diesem Wagen hatten drei Personen gesessen. Am schlechtesten erging es dem zweiten Personenwagen, der den Druck von vorn und von hinten erlitt. Seine sämmtlichen Wände und Bänke wurden in kleine Splitter zerrissen und die Insassen wurden sämmtlich schwer verletzt. Die Verletzten wurden von Samaritern unter Leitung von Aerzten aus den Trümmern hervorgesucht, wobei es zu jammervollen Scenen kam, und verbunden. Einige überführte man in das Pirnaer Krankenhaus und die übrigen brachte man schleunigst nach Dresden. Der Zustand einiger dieser Unglücklichen soll sehr bedenklich sein. Wie durch ein Wunder kam das Zugspersonal ohne größeren Schaden davon. Der Schlußbremser des Güterzuges rettete sich, die Situation mit seltener Geistesgegenwart erfassend, durch einen kühnen Sprung. An leichten Verletzungen und Abschürfungen hat es unter den Passagieren der übrigen Wagen nicht

Unfallbericht über das Pirnaer Eisenbahnunglück im Chemnitzer Tageblatt (16. 8. 1899)

Bahnhof Heidenau.

Schule.　　　　　　　Bahnhofrestaurant.　　　　　Dresdner Straße.

Haltepunkt Heidenau

Bereits Anhaltepunkt bei der Eröffnung der
Strecke 1848. Bei dem Stationsschild des
Haltepunktes half die Retuschierfeder nach.
(1906)

Abgefertigte Personen:	478 386
Bedeutung im Personenverkehr:	Platz 36
Kohlenbezug:	8790 t
Güterempfang:	345 t
Güterversand:	145 t
Bedeutung im Güterverkehr:	Platz 739
Zuständige Betriebsdirektion:	Dresden-Altstadt
Einwohner des Ortes:	5454
Amtshauptmannschaft:	Pirna

Bahnhof Mügeln

Ebenfalls mit dem Streckenabschnitt Dresden–Pirna am 1. August 1848 eröffnet. Links ein Personenzug , gezogen von einer sä. XIV HT in Richtung Pirna. Infolge Einmündung der Schmalspurbahn nach Altenberg 1890 wurde viel umgebaut und neu errichtet. Da entstand auch das Empfangsgebäude. Heute nennt sich der Bahnhof Heidenau. (1916)

Abgefertigte Personen:	601 514
Bedeutung im Personenverkehr:	Platz 23
Kohlenbezug:	27 310 t
Güterempfang:	197 124 t
Güterversand:	137 344 t
Bedeutung im Güterverkehr:	Platz 25
Zuständige Betriebsdirektion:	Dresden-Altstadt
Einwohner des Ortes:	7072
Amtshauptmannschaft:	Pirna

Bahnhof Niedersedlitz

Niedersedlitz, längst eingemeindet in Dresden, bekam die Eisenbahn mit dem Bau der Sächsisch-Böhmischen Bahn. Der Bahnhof wurde eröffnet mit dem Streckenabschnitt Dresden–Pirna am 1. August 1848. Das stattliche Empfangsgebäude wurde 1892 errichtet. Am Bahnsteig ein Personenzug nach Pirna, gezogen von einer sä. VIII V1.

Abgefertigte Personen:	1151660
Bedeutung im Personenverkehr:	Platz 10
Kohlenbezug:	72446 t
Güterempfang:	178890 t
Güterversand:	79585 t
Bedeutung im Güterverkehr:	Platz 39
Zuständige Betriebsdirektion:	Dresden-Altstadt
Einwohner des Ortes:	3053
Amtshauptmannschaft:	Dresden-Altstadt

Lok sä. VIII V1, Nummer 136 (bei DRG 13 7112)

Erbaut:	1897 von der Sächs. Maschinenfabrik, vormals R. Hartmann
Maximale Geschwindigkeit:	85 km/h
Kesselüberdruck:	12 bar
Treibraddurchmesser:	1885 mm
Gewicht ohne Tender leer:	49,3 t
Ausgemustert	1925

SACHSENWERK, Licht= und Kraft=Aktiengeſellſchaft, Niederſedlitz=Dresden.

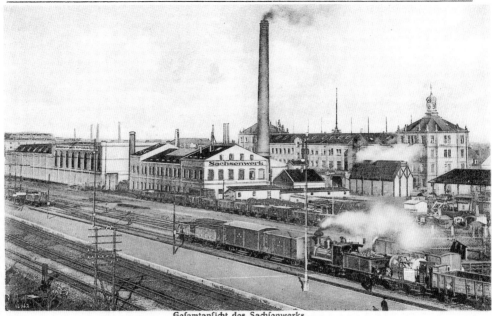

Geſamtanſicht des Sachſenwerks.

Die Gleisanschlüsse in Niedersedlitz im Sachsenwerk. Eine sä. III b bei Rangieraufgaben.

72   Bodenbach–Dresden

Erinnerung an den Weltkrieg 1914–16.
Dresden, im Februar 1916.
Ernst Schlick

Der 1. Balkanzug verlässt Dresden
am 15. Januar 1916.

Während des ersten Weltkrieges kam es zu einem Fronturlauberzug nach Süden. Der sogenannte Balkanzug hatte die Route Berlin – Dresden–Wien–Belgrad–Konstantinopel. Aufgrund der sich verschlechternden wirtschaftlichen Situation verkehrte der Balkanzug ab 16. Oktober 1918 nicht mehr. Auf dem Bild ist er bespannt mit zwei Loks sä. VIII V2.

Bodenbach-Dresden

Dresden — *Bismarckplatz*

Verwaltungs-Gebäude der Kgl. Generaldirection der sächs. Staatseisenbahnen

Das Verwaltungsgebäude der Königl. Sächs. Staatseisenbahn unmittelbar am Dresdner Hauptbahnhof. Am Bahnsteig ein Personenzug aus Bodenbach mit einer Lok sä. VIII V1, Serie 121–130.

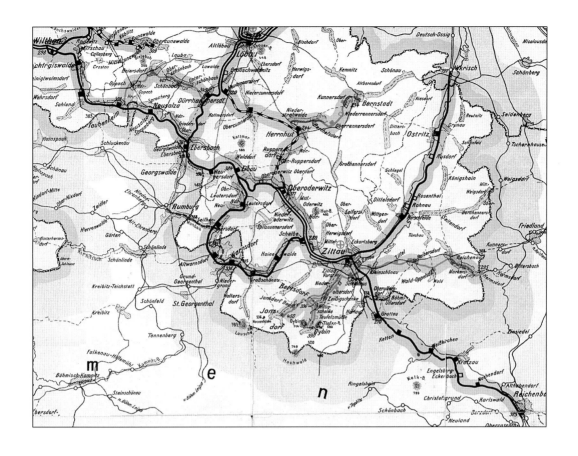

Kartenausschnitt mit dem Verlauf der Strecken Zittau–Reichenberg, Zittau–Löbau, Zittau–Nikrisch, Scheibe–Eibau, Oberoderwitz – Wilthen

GRUSS AUS ZITTAU. Bahnhof, Perron.

Hermann Seibt, Meissen. 3426

Bahnhof Zittau

Die offizielle Betriebseröffnung des Bahnhofes war am 10. Juni 1848. Damals besaß er noch nicht das repräsentative Empfangsgebäude. Auf der Scheibe wird gerade eine IIIb-Lok gedreht. (1901)

Abgefertigte Personen:	1 120 003
Bedeutung im Personenverkehr:	Platz 11
Kohlenbezug:	79 201 t
Güterempfang:	250 104 t
Güterversand:	142 715 t
Bedeutung im Güterverkehr:	Platz 21
Zuständige Betriebsdirektion: Dresden–Neustadt	
Einwohner des Ortes:	37 084
Amtshauptmannschaft:	Zittau

Bahnhof Grottau (Hradek),

wurde am 1. Dezember 1859 eröffnet. Ein Sonderzug der Firma F.A. Bernhardt aus Zittau, gezogen von zwei Maschinen sä. III b, befindet sich zur Weiterfahrt nach Zittau. Man konnte auch damals einen Eisenbahnzug mieten. Um die Jahrhundertwende galten folgende Tarife: 1,20 Mark für Lokomotive je Kilometer, 40 Pfennige für jede Achse eines Personenwagens pro Kilometer. Mindestens wurden 4 Mark für jeden Kilometer berechnet, und der Mindestbetrag für einen Zug betrug 100 Mark.

Abgefertigte Personen:	167 977
Bedeutung im Personenverkehr:	Platz 120
Kohlenbezug:	37 257 t
Güterempfang:	73 890 t
Güterversand:	40 081 t
Bedeutung im Güterverkehr:	Platz 87
Zuständige Betriebsdirektion:	Dresden-Neustadt

Bahnhof Reichenberg (Liberec)

Endstation der Linie von Zittau. Sie wurde am 1. Dezember 1859 eröffnet. Das stattliche Empfangsgebäude entstand allerdings erst später. Die Strecke wurde von einer Aktiengesellschaft errichtet, die am 1. Januar 1905 verstaatlicht worden ist.

Abgefertigte Personen:	309 745
Bedeutung im Personenverkehr:	Platz 64
Kohlenbezug:	71 217 t
Güterempfang:	160 069 t
Güterversand:	542 91 t
Bedeutung im Güterverkehr:	Platz 50
Zuständige Betriebsdirektion:	Dresden-Neustadt

Auf der Drehscheibe im Bahnhof Zittau befindet sich eine preußische G10, und davor qualmt eine sä. XI HT.

Bahnhof Scheibe

Bahnhof Scheibe

Entstand mit dem Bau des Abzweiges nach Großschönau 1868. Die ersten Anlagen waren hier bescheiden. Eine Wartehalle wurde erst 1873 errichtet. Der Zug auf der Abbildung wird von einer III b gezogen und kommt aus Oberoderwitz. (1918)

Abgefertigte Personen:	60134
Bedeutung im Personenverkehr:	Platz 305
Kohlenbezug:	1742 t
Güterempfang:	2107 t
Güterversand:	1015 t
Bedeutung im Güterverkehr:	Platz 624
Zuständige Betriebsdirektion:	Dresden-Neustadt
Einwohner des Ortes:	Ortsteil von Mittelherwigsdorf
Amtshauptmannschaft:	Zittau

HOTEL ZUR EISENBAHN, NIEDERODERWITZ
Besitzer: Oskar Weinert

Vor dem Hotel „Zur Eisenbahn" in Niederoder-
witz eine Lok der sächsischen Gattung VIII V2.
(1914)

GRUSS AUS HERRNHUT I. SA. *30.VIII.04.* Eisenbahnviadukt.

Hermann Seibt, Meissen 3715.

Viadukt über den Petersbach bei Herrnhut

Er besitzt eine Höhe von 22 m und 5 Bogen
von 11,5 m. Eine sä. III b hat eine bunte
Mischung „am Haken". Zwei Bögen des
Viaduktes wurden 1945 von Faschisten
gesprengt. (1904)

Bahnhof Herrnhut

Eröffnet mit der Strecke Löbau–Zittau am
1. Juni 1848. Das Empfangsgebäude entstand
erst 1865. Infolge Einmündung der Schmalspurbahn nach Bernstadt waren einige Umbauten nötig. Auf dem Bild die Regelspurseite
des Bahnhofes. Vor dem Zug eine sä. III b.
(1910)

Abgefertigte Personen:	124 389
Bedeutung im Personenverkehr:	Platz 166
Kohlenbezug:	7600 t
Güterempfang:	40 133 t
Güterversand:	23 000 t
Bedeutung im Güterverkehr:	Platz 165
Zuständige Betriebsdirektion:	Dresden-Neustadt
Einwohner des Ortes:	1364
Amtshauptmannschaft:	Löbau

Gruß aus Oberkunnersdorf.

Bahnhof Obercunnersdorf

Es gab bereits zur Eröffnung der Bahn einen Anhaltepunkt Cunnersdorf. Die Haltestelle auf der Abbildung unten wurde jedoch erst 1874 eröffnet. Das Empfangsgebäude entstand ebenfalls in dieser Zeit. (1924)

Abgefertigte Personen:	58 033
Bedeutung im Personenverkehr:	Platz 312
Kohlenbezug:	5166 t
Güterempfang:	9617 t
Güterversand:	3897 t
Bedeutung im Güterverkehr:	Platz 436
Zuständige Betriebsdirektion:	Dresden-Neustadt
Einwohner des Ortes:	2600
Amtshauptmannschaft:	Löbau

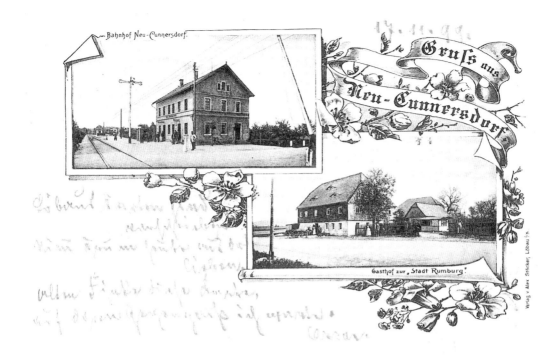

Bahnhof Neu–Cunnersdorf

Die Strecke wurde von der Löbau-Zittauer Eisenbahngesellschaft errichtet und ging am 10. Juni 1848 in Betrieb. Die Haltestelle Neu–Cunnersdorf ist einige Jahre später an der Strecke eröffnet worden. (1899)

Abgefertigte Personen:	21435
Bedeutung im Personenverkehr:	Platz 515
Kohlenbezug:	6842 t
Güterempfang:	12716 t
Güterversand:	3498 t
Bedeutung im Güterverkehr:	Platz 408
Zuständige Betriebsdirektion:	Dresden-Neustadt
Einwohner des Ortes:	Ortsteil von Niedercunnersdorf
Amtshauptmannschaft:	Löbau

Partie im Neissetale.

Brücke im Neißetal an der Linie Zittau-Nikrisch (Hagenwerder).

Die Linie wurde von der Berlin-Görlitzer Eisenbahngesellschaft gebaut, am 15. Oktober 1875 eröffnet und von der preußischen Staatsbahn betrieben. Aufgrund eines Abkommens ging die Bahnstrecke bis Nikrisch am 1. April 1896 an den sächsischen Staat über. Hinter der Brücke befindet sich die Station Rosenthal. Auf der Brücke fährt ein Zug mit einer sä. III b–Lok.

165

1 B ²/₃ gek. Pers. Lok. d. sächs. St.s.B.   Hartmann 1894

Personen-Lok III b, Nummer 491 (bei DRG 34 7807)

Erbaut: 1895 von der Sächs.
                                           Maschinenfabrik,
                                           vormals R. Hartmann
Maximale Geschwindigkeit: 70 km/h
Kesselüberdruck: 10 bar
Treibraddurchmesser: 1560 mm
Gewicht ohne Tender leer: 33,5 t
Ausgemustert: 1926

Neißetal, ROHNAU   Haltestelle.

Haltestelle Rohnau

Idyllisch gelegen und ebenfalls 1875 eröfnet.
Der Personenzug in Richtung Zittau ist mit
einer sä. III b bespannt. Die Wagengarnitur
besteht aus preußischen Pack- und
Personenwagen. (1910)

Abgefertigte Personen:	81211
Bedeutung im Personenverkehr:	Platz 246
Kohlenbezug:	0 t
Güterempfang:	6 t
Güterversand:	2 t
Bedeutung im Güterverkehr:	Platz 837
Zuständige Betriebsdirektion:	Dresden-Neustadt
Einwohner des Ortes:	474
Amtshauptmannschaft:	Zittau

Partie im Neißetal

Da die Strecke Görlitz–Zittau sächsisch und preußisch war, betrieb man sie auch gemeinsam. Hier ein preußischer Zug, gezogen von einer preuß. P 3. (1915)

Zittau–Nikrisch   89

Ostritz i. Sa.   Bahnhof

Bahnhof Ostritz (Krzewina-Zgorzelecka)

Eröffnet am 15. Oktober 1875. Das Empfangsgebäude wurde ebenfalls in dieser Zeit errichtet. 1897 zerstörte Hochwasser einen Teil der
Strecke. Der Betrieb war nur bedingt möglich.
Danach wurden umfangreiche Arbeiten zur
Regulierung der Neiße vorgenommen. Vor
dem Zug eine sä. XI HT.

Abgefertigte Personen:	84 886
Bedeutung im Personenverkehr:	Platz 239
Kohlenbezug:	19 462 t
Güterempfang:	35 015 t
Güterversand:	22 787 t
Bedeutung im Güterverkehr:	Platz 175
Zuständige Betriebsdirektion:	Dresden-Neustadt
Einwohner des Ortes:	3021
Amtshauptmannschaft:	Zittau

⁵/₅ gekuppelte Heissdampf-Güterzugs-Tenderlokomotive XI HT

Erbaut v. d. Sächs. Maschinenfabrik zu Chemnitz vorm. Rich. Hartmann, 1908.
Dienstgewicht 77 300 kg. Geschwindigkeit 40 km.

Tenderlok XI HT, Nummer 1521 (bei DRG 94 2001)

Erbaut:	1908 von der Sächs. Maschinenfabrik, vormals R. Hartmann
Maximale Geschwindigkeit:	45 km/h
Kesselüberdruck:	12 bar
Treibraddurchmesser:	1240 mm
Gewicht leer:	60,4 t
Ausgemustert:	1967

Zittau-Nikrisch   91

Gruss vom Bahnhof Scheibe.

Abzweig nach Warnsdorf auf dem Bahnhof
Scheibe. Ein Zug mit einer sä. III b fährt
gerade in den Bahnhof ein. (1910)

GROSSSCHÖNAU i. Sa.

Bahnhof   Blick nach dem Bahnsteig

Bahnhof Großschönau

Er wurde am 2. Januar 1868 eröffnet. Sein Aussehen auf der Karte erhielt das Empfangsgebäude 1899 durch Umbau und Vergrößerung. Bei der Lok half die Retuschierfeder nach und verschandelte sie.

Abgefertigte Personen:	140 660
Bedeutung im Personenverkehr:	Platz 148
Kohlenbezug:	19 578 t
Güterempfang:	30 490 t
Güterversand:	6885 t
Bedeutung im Güterverkehr:	Platz 257
Zuständige Betriebsdirektion:	Dresden-Neustadt
Einwohner des Ortes:	7806
Amtshauptmannschaft:	Zittau

Bahnhof Warnsdorf (Varnsdorf)

Der Bahnhof gehörte zur Böhmischen
Nordbahn. In einem Abkommen vom
September 1869 kam man mit Österreich
überein, eine Eisenbahn von Großschönau
über Warnsdorf nach Seifhennersdorf bauen
zu dürfen unter Mitbenutzung des Bahnhofes
Warnsdorf. Somit verlief die Strecke
Scheibe–Eibau durch Böhmisches Gebiet.

Abgefertigte Personen:	121584
Bedeutung im Personenverkehr:	Platz 169
Kohlenbezug:	33890 t
Güterempfang:	53938 t
Güterversand:	16053 t
Bedeutung im Güterverkehr:	Platz 147
Zuständige Betriebsdirektion:	Dresden-Neustadt

Seifhennersdorf — *Bahnhof*

Bahnhof Seifhennersdorf

Eröffnet mit der Bahn Seifhennersdorf–Eibau
am 1 November 1874. Zwei Jahre lang war der
Bahnhof Endstation an der Grenze nach
Österreich. Am 15. September 1876 konnte
die Strecke von hier bis Warnsdorf
(Varnsdorf) eröffnet werden. Damit war die
Linie Scheibe–Eibau durchgehend befahrbar.
(1915)

Abgefertigte Personen:	149 586
Bedeutung im Personenverkehr:	Platz 137
Kohlenbezug:	14 353 t
Güterempfang:	27 801 t
Güterversand:	6202 t
Bedeutung im Güterverkehr:	Platz 269
Zuständige Betriebsdirektion:	Dresden-Neustadt
Einwohner des Ortes:	8116
Amtshauptmannschaft:	Zittau

Gruss aus Leutersdorf O. L.

Verlag von Reinhold Jäckel, Leutersdorf O. L. 710

Bahnhof Leutersdorf

Eröffnet am 1. November 1874 mit der Strecke Eibau–Seifhennersdorf. Das Empfangsgebäude entstand beim Bahnbau 1874. Den Anbau errichtete man bereits ein Jahr später. (1902)

Abgefertigte Personen:	71066
Bedeutung im Personenverkehr:	Platz 272
Kohlenbezug:	14101 t
Güterempfang:	19639 t
Güterversand:	3462 t
Bedeutung im Güterverkehr:	Platz 335
Zuständige Betriebsdirektion:	Dresden-Neustadt
Einwohner des Ortes:	3284
Amtshauptmannschaft:	Zittau

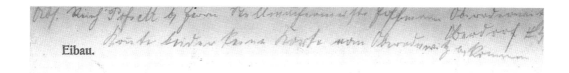

Eibau.

Eibau

Der Bahnhof wurde ebenfalls am 1. November mit der Linie nach Ebersbach und Seifhennersdorf eröffnet. Eine Verbindung nach Oberoderwitz wurde am 15. Oktober 1879 eröffnet. Auf der Karte ist eine III b unterwegs mit einem Personenzug aus Richtung Oberoderwitz.

Abgefertigte Personen:	108 582
Bedeutung im Personenverkehr:	Platz 189
Kohlenbezug:	16 498 t
Güterempfang:	28 810 t
Güterversand:	7172 t
Bedeutung im Güterverkehr:	Platz 263
Zuständige Betriebsdirektion:	Dresden-Neustadt
Einwohner des Ortes:	5244
Amtshauptmannschaft:	Löbau

NEUGERSDORF i. Sa.   Totale.

Bahnhof.

Bahnhof Neugersdorf

Eröffnet wurde er mit der Linie Eibau–Ebersbach am 1. November 1874. Die Bezeichnung erhielt der Bahnhof erst ab 1. Oktober 1899. Vorher hieß er Alt- und Neugersdorf. Die Ostseite des Empfangsgebäudes erhielt später noch einen großen Anbau. (1907)

Abgefertigte Personen:	229 855
Bedeutung im Personenverkehr:	Platz 90
Kohlenbezug:	47 410 t
Güterempfang:	93 560 t
Güterversand:	25 005 t
Bedeutung im Güterverkehr:	Platz 81
Zuständige Betriebsdirektion:	Dresden-Neustadt
Einwohner des Ortes:	11 595
Amtshauptmannschaft:	Löbau

Ebersbach i. Sa. Bahnhof

Bahnhof Ebersbach

Eröffnet mit dem Bau der Strecke Ebersbach –
Löbau am 1. November 1873. Ein Jahr später
war die Strecke bis Eibau fertiggestellt, und
nach einem halben Jahr ging die Linie Ebersbach–Sohland in Betrieb. Das monströse
Empfangsgebäude entstand in dieser Zeit.
(1913)

Abgefertigte Personen:	229 060
Bedeutung im Personenverkehr:	Platz 91
Kohlenbezug:	31 499 t
Güterempfang:	80 438 t
Güterversand:	39 211 t
Bedeutung im Güterverkehr:	Platz 79
Zuständige Betriebsdirektion:	Dresden-Neustadt
Einwohner des Ortes:	9585
Amtshauptmannschaft:	Löbau

Ebersbach i. Sa.   Stammfabrik Hermann Wünsche's Erben

In den Bahnhof Ebersbach fährt ein Güterzug
mit einer sä. III b aus Richtung Löbau ein.
Neben der Wärterbude befinden sich zwei
Läutewerke.

Lok III b, Nummer 272

Vor der Lok die Rangierer mit ihren Brems-
knüppeln

Erbaut:	1872 von Esslingen
Maximale Geschwindigkeit:	70 km/h
Kesselüberdruck:	8,5 bar
Treibraddurchmesser:	1525 mm
Gewicht ohne Tender leer:	31,2 t
Ausgemustert	1914

Gruss aus Dürrhennersdorf   Restaurant am Bahnhof

Bahnhof Dürrhennersdorf

Die Strecke von Ebersbach nach Löbau hat Dürrhennersdorf als Unterwegsbahnhof. Sie ging am 1. November 1873 in Betrieb. 1892 nahm der Bahnhof noch eine Schmalspurbahn nach Taubenheim auf. Links neben dem Empfangsgebäude beginnen die Anlagen der Schmalspurbahn.

Abgefertigte Personen:	46 974
Bedeutung im Personenverkehr:	Platz 356
Kohlenbezug:	1282 t
Güterempfang:	7328 t
Güterversand:	5620 t
Bedeutung im Güterverkehr:	Platz 445
Zuständige Betriebsdirektion:	Dresden-Neustadt
Einwohner des Ortes:	978
Amtshauptmannschaft:	Löbau

Taubenheim a. Spree. Blick nach dem Bahnhof.

Bahnhof Taubenheim

Mit der Eröffnung der Bahnstrecke Ebersbach–Sohland wurde auch der Bahnhof Taubenheim am 1. Mai 1875 eröffnet. Umfangreiche Veränderungen gab es hier infolge Einbindung der Schmalspurlinie nach Dürrhennersdorf 1892. Im Bild die Normalspurseite. Der Zug ist einmontiert.

Abgefertigte Personen:	65 373
Bedeutung im Personenverkehr:	Platz 288
Kohlenbezug:	5377 t
Güterempfang:	24 642 t
Güterversand:	23 970 t
Bedeutung im Güterverkehr:	Platz 206
Zuständige Betriebsdirektion:	Dresden-Neustadt
Einwohner des Ortes:	2523
Amtshauptmannschaft:	Löbau

Gruss vom Bahnhof Sohland a. Spree

Bahnhof Sohland a. Spree

Bahnhof Sohland

Er ging am 1. Mai 1875 in Betrieb. Die Umbauten hielten sich in der Länderbahnzeit in
Grenzen. Der Anbau rechts am Empfangsgebäude wurde für den Postdienst 1894 errichtet. (1903)

Abgefertigte Personen:	62 596
Bedeutung im Personenverkehr:	Platz 295
Kohlenbezug:	10 414 t
Güterempfang:	46 038 t
Güterversand:	29 524 t
Bedeutung im Güterverkehr:	Platz 134
Zuständige Betriebsdirektion:	Dresden-Neustadt
Einwohner des Ortes:	5335
Amtshauptmannschaft:	Bautzen

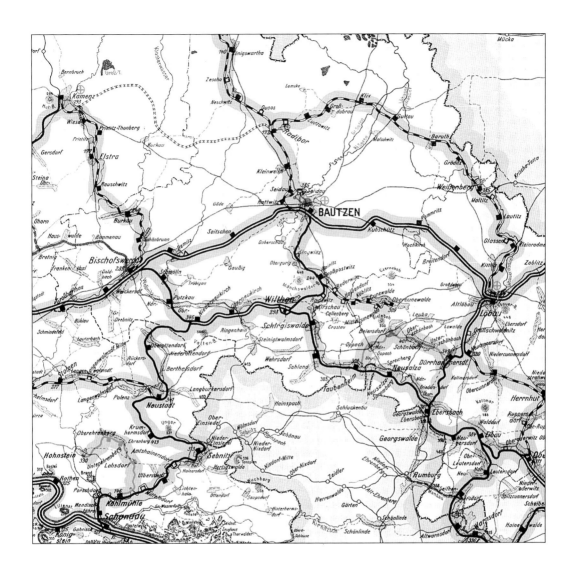

Kartenausschnitt mit dem Verlauf der Strecken Bautzen–Schandau, Großpostwitz–Obercunewalde, Löbau–Radibor und Bautzen–Königswartha

Großpostwitz   Bahnhof

Bahnhof Großpostwitz

Er wurde am 1. September 1877 eröffnet. Das Empfangsgebäude ist ein Standardbau, wie man ihn häufig in Sachsen antrifft. Davor das Wirtschaftsgebäude. Infolge des Baues der Strecke nach Cunewalde wurden hier 1890 ein weiterer Bahnsteig errichtet und die Gleisanlage erweitert. Ein Jahr später errichtete man einen kleinen Lokschuppen.

Abgefertigte Personen:	69 093
Bedeutung im Personenverkehr:	Platz 279
Kohlenbezug:	12 165 t
Güterempfang:	35 572 t
Güterversand:	15 009 t
Bedeutung im Güterverkehr:	Platz 195
Zuständige Betriebsdirektion:	Dresden-Neustadt
Einwohner des Ortes:	1211
Amtshauptmannschaft:	Bautzen

N. CUNEWALDE i. s.   Bahnhof.   4.

[handschriftlich] Cunewalde besitzt 2 weitere Haltestellen:
Mittel- + Obercunewalde.

Bahnhof Cunewalde

Der Bahnhof wurde mit der Strecke Großpostwitz–Obercunewalde am 15.September
1890 eröffnet. Der Lokalzug besteht aus Lok
sä. VII TS, drei Wagen dritter und vierter
Klasse und dem Gepäckwagen Pw sä. 07. Von
Obercunewalde wurde die Strecke bis Löbau
weitergeführt. Die Eröffnung war am 7.
Oktober 1928.

Abgefertigte Personen:	26 753
Bedeutung im Personenverkehr:	Platz 461
Kohlenbezug:	4035 t
Güterempfang:	6394 t
Güterversand:	7349 t
Bedeutung im Güterverkehr:	Platz 433
Zuständige Betriebsdirektion:	Dresden-Neustadt
Einwohner des Ortes:	3181
Amtshauptmannschaft:	Löbau

Gruss vom Bahnhof Wilthen

Bahnhof Wilthen

Die Strecke Bautzen–Wilthen–Neustadt wurde am 1. September 1877 eröffnet. Am gleichen Tag ging von Wilthen der Abzweig nach Sohland in Betrieb. Am Hausbahnsteig eine sä. III b V mit einem Personenzug. Links ein Güterwagen der Österreichischen Staatsbahn. (1917)

Abgefertigte Personen:	69059
Bedeutung im Personenverkehr:	Platz 280
Kohlenbezug:	13043 t
Güterempfang:	33633 t
Güterversand:	18466 t
Bedeutung im Güterverkehr:	Platz 187
Zuständige Betriebsdirektion:	Dresden-Neustadt
Einwohner des Ortes:	2809
Amtshauptmannschaft:	Bautzen

Gruß aus Oberneukirch

Bahnhof Oberneukirch

Eröffnet wurde die Station am 1. September 1877 mit der Strecke Bautzen–Neustadt. Hier ein Blick vom Güterboden zum Empfangsgebäude. Rechts ein Waggon der Österreichischen Staatsbahn. (1916)

Abgefertigte Personen:	95645
Bedeutung im Personenverkehr:	Platz 209
Kohlenbezug:	10927 t
Güterempfang:	22121 t
Güterversand:	11420 t
Bedeutung im Güterverkehr:	Platz 272
Zuständige Betriebsdirektion:	Dresden-Neustadt
Einwohner des Ortes:	2211
Amtshauptmannschaft:	Bautzen

Bahnhof Neustadt

Eröffnet am 1. Juli 1877 mit der Strecke von Schandau. Gleichzeitig wurde eine Linie von Neustadt nach Dürrröhrsdorf in Betrieb genommen. Zwei Monate später ging die Weiterführung nach Bautzen in Betrieb.

Abgefertigte Personen:	200516
Bedeutung im Personenverkehr:	Platz 101
Kohlenbezug:	23230 t
Güterempfang:	46691 t
Güterversand:	25693 t
Bedeutung im Güterverkehr:	Platz 142
Zuständige Betriebsdirektion:	Dresden-Neustadt
Einwohner des Ortes:	5331
Amtshauptmannschaft:	Pirna

*An der Strecke Bautzen–Schandau. Ein
Personenzug überquert die Wegeunterführung
an der Landstraße Sebnitz–Neustadt.
Blickrichtung nach Sebnitz.*

Bautzen–Schandau   111

Sebnitz, Sächs. Schweiz.   *Bahnhof.*

Bahnhof Sebnitz

Eröffnet am 1. Juli 1877 mit der Strecke
Schandau–Neustadt. 1905 stellte die Böh-
mische Nordbahn eine Verbindung von
Schluckenau (Sluknov) her. Sebnitz wurde
zum Grenzbahnhof. (1918)

Abgefertigte Personen:	269 246
Bedeutung im Personenverkehr:	Platz 75
Kohlenbezug:	46 732 t
Güterempfang:	111 779 t
Güterversand:	25 739 t
Bedeutung im Güterverkehr:	Platz 69
Zuständige Betriebsdirektion:	Dresden-Neustadt
Einwohner des Ortes:	11 406
Amtshauptmannschaft:	Pirna

Ulbersdorfer Mühle. Bahnhof.

Otto Hille, Ulbersdorf S.

Gruss aus Ulbersdorf, S.

Bahnhof Ulbersdorf

Ebenfals mit der Linie Schandau–Neustadt am 1. Juli 1877 eröffnet. Erweiterungen und Umbauten hielten sich hier in Grenzen. Die Station war von Anfang groß genug errichtet. (1903)

Abgefertigte Personen:	38575
Bedeutung im Personenverkehr:	Platz 405
Kohlenbezug:	750 t
Güterempfang:	8726 t
Güterversand:	1987 t
Bedeutung im Güterverkehr:	Platz 480
Zuständige Betriebsdirektion:	Dresden-Neustadt
Einwohner des Ortes:	819
Amtshauptmannschaft:	Pirna

Schandauer Brücke
Eine sä. III b fährt mit einem Güterzug in
Richtung Wendischfähre. Die Carolabrücke
wird für Eisenbahn- und Straßenverkehr
gleichzeitig genutzt.

114   *Bautzen–Schandau*

Weissenberg i. Sa.   Bahnhof.

Bahnhof Weissenberg

Er wurde am 1. August 1895 eröffnet und war bis 1903 Endstation der Strecke von Löbau. Das Empfangs- und Wirtschaftsgebäude sind typische Standardbauten. Ein Personenzug, gezogen von einer sä. VT, kommt aus Richtung Gröditz.

Abgefertigte Personen:	28877
Bedeutung im Personenverkehr:	Platz 449
Kohlenbezug:	3923 t
Güterempfang:	8654 t
Güterversand:	15 699 t
Bedeutung im Güterverkehr:	Platz 329
Zuständige Betriebsdirektion:	Dresden-Neustadt
Einwohner des Ortes:	1212
Amtshauptmannschaft:	Löbau

Bahnbau Weissenberg-Baruth   Viadukt bei Wuischke.

Viadukt bei Wuischke

Der Bahnbau Weissenberg–Radibor begann
im Oktober 1902. Die Betriebseröffnung der
Teilstrecke Weissenberg – Baruth war am
10. November 1903. Hier die Brückenbe-
lastung beim Viadukt in der Nähe von
Wuischke. Auf der Brücke zwei Loks sä. IV T.
Am rechten Bildrand sind Frauen mit dem
Anlegen des Böschungspflasters beschäftigt.
(1903)

²/₁ gekuppelte Tänder–Lokomotive H. IV. der Kgl. Sächsischen Staatseisenbahn
Erbaut von der Sächsischen Maschinenfabrik vormals Rich. Hartmann, Chemnitz

Verlag von Richard Liebold, Chemnitz, Langestrasse 59

Lok sä. IV T, Nummer 1754 (bei DRG 71 348)

Erbaut:	1902 von der Sächs. Maschinenfabrik, vormals R. Hartmann
Maximale Geschwindigkeit:	75 km/h
Kesselüberdruck:	12 bar
Treibraddurchmesser:	1570 mm
Gewicht leer:	46,1 t
Ausgemustert	1932

Löbau–Radibor   117

Gruss aus Baruth i. Sa., 12. Juni 1907

sendet Euch allen Euer

Herbert

Verlag Carl Schmidt, Photogr., Weissenberg i. Sa.

Bahnhof Baruth

Eröffnet am 1 November 1903. Die Streckenverlängerung bis Radibor ging am 1. Mai 1906 in Betrieb und vollendete die Strecke Löbau–Radibor. Die Strecke Baruth–Radibor wurde bereits 1972 stillgelegt. Auf dem Bahnhof eine sä. V T vor einem gemischten Zug mit Sekundärbahnwagen. (1907)	

Abgefertigte Personen:	11510
Bedeutung im Personenverkehr:	Platz 612
Kohlenbezug:	3283 t
Güterempfang:	8601 t
Güterversand:	91571 t
Bedeutung im Güterverkehr:	Platz 97
Zuständige Betriebsdirektion:	Dresden-Neustadt
Einwohner des Ortes:	523
Amtshauptmannschaft:	Bautzen

KLEINWELKA   Bahnhof

Bahnhof Kleinwelka

Eröffnet mit der Strecke Bautzen–Königswartha am 3. Dezember 1890. Eine sä. VT
steht abfahrbereit nach Radibor. (1915)

Abgefertigte Personen:	23 599
Bedeutung im Personenverkehr:	Platz 494
Kohlenbezug:	2160 t
Güterempfang:	4131 t
Güterversand:	1064 t
Bedeutung im Güterverkehr:	Platz 588
Zuständige Betriebsdirektion:	Dresden-Neustadt
Einwohner des Ortes:	131
Amtshauptmannschaft:	Bautzen

Bahnhof Radibor i. Sa.

Bahnhof Radibor

Eröffnet am 3. Dezember 1890. Der Bahnhof
nahm am 1. Mai 1906 noch die Strecke nach
Baruth auf. Der Baustil des Gebäudes wurde
der Lausitzer Gegend angepaßt. (1917)

Abgefertigte Personen:	18 985
Bedeutung im Personenverkehr:	Platz 546
Kohlenbezug:	1237 t
Güterempfang:	5607 t
Güterversand:	6688 t
Bedeutung im Güterverkehr:	Platz 454
Zuständige Betriebsdirektion:	Dresden-Neustadt
Einwohner des Ortes:	642
Amtshauptmannschaft:	Bautzen

Ein Schrankenwärter ...

... am Bahnübergang vor Neschwitz. In der
rechten Hand hat er ein Futteral für die
Fahnen und links das Signalhorn. Beides
benötigte er, um bei Gefahr den Zug anhalten
zu können. Links neben der Wärterbude ein
Läutewerk mit heruntergeklappter Scheibe.
(1912)

Bautzen-Königswartha 121

Bahnhof. Bahnhofrestaurant.

Bahnhof Neschwitz

Die Eröffnung fand mit der Strecke Bautzen–Königswartha am 3. Dezember 1890 statt. Granitpflaster lag auf dem Bahnhof zur Verladung bereit. Links im Bild die Laderampe.

Abgefertigte Personen:	39 646
Bedeutung im Personenverkehr:	Platz 397
Kohlenbezug:	3999 t
Güterempfang:	9984 t
Güterversand:	16 790 t
Bedeutung im Güterverkehr:	Platz 305
Zuständige Betriebsdirektion:	Dresden-Neustadt
Einwohner des Ortes:	700
Amtshauptmannschaft:	Bautzen

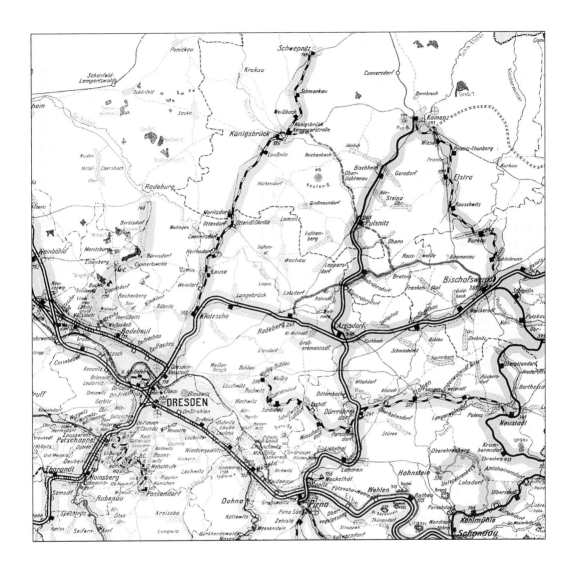

Kartenausschnitt mit dem Verlauf der Strecken Kamenz–Bischofswerda, Kamenz–Pirna, Neustadt–Weißig–Bühlau und Klotsche–Schwepnitz

Elstra   *Bahnhof*

Bahnhof Elstra

Die Eröffnung des Bahnhofes war am 20. Oktober 1890 mit dem Streckenstück Kamenz–Elstra. Der Beweggrund zum Bahnanschluß war unter anderem die Erschließung der Granitbrüche am Hochstein. Man konnte das Material ohne Umladen günstig abfahren. 1969 wurde hier der Verkehr eingestellt. (1917)

Abgefertigte Personen:	31372
Bedeutung im Personenverkehr:	Platz 438
Kohlenbezug:	4347 t
Güterempfang:	8140 t
Güterversand:	4924 t
Bedeutung im Güterverkehr:	Platz 443
Zuständige Betriebsdirektion:	Dresden-Neustadt
Einwohner des Ortes:	1425
Amtshauptmannschaft:	Kamenz

Gruß aus BURKAU   Bahnhof

Bahnhof Burkau

Die Weiterführung der Bahnlinie von Elstra nach Bautzen stieß auf Geländeschwierigkeiten. Man entschied sich für die Linienführung über Burkau–Schönbrunn nach Bischofswerda. Am 15. Mai 1902 war die Strecke Kamenz – Bischofswerda durchgehend befahrbar und der Bahnhof Burkau damit eröffnet. Der Reiseverkehr von hier nach Bischofswerda wurde 1967 eingestellt.

Abgefertigte Personen:	30 168
Bedeutung im Personenverkehr:	Platz 443
Kohlenbezug:	3056 t
Güterempfang:	6660 t
Güterversand:	3003 t
Bedeutung im Güterverkehr:	Platz 498
Zuständige Betriebsdirektion:	Dresden-Neustadt
Einwohner des Ortes:	2094
Amtshauptmannschaft:	Bautzen

Bahnbau Bischofswerda—Elstra „Viadukt in Schönbrunn bei Stat. 43", erbaut 1901.
Ausgeführt durch die Firma Robert Berndt Söhne, Dresden-A, Winckelmannstraße 21.
Unternehmung für Eisenbahn-Eisenbeton- und Tiefbauten. Abteilung für Entwürfe von Ingenieurbauten.

Brücke bei Schönbrunn

Der Viadukt an der Linie Kamenz–Bischofswerda kurz nach der Fertigstellung 1901. Auf
der Brücke eine Bahnmeister-Rotte mit
Wagen.

Kamenz. Bahnhof.

2177 Brück & Sohn, Meissen

Handkolorirte
Künstlerkarte.

Bahnhof Kamenz

Die Eröffnung erfolgte am 1. Oktober 1871
mit der Strecke von Radeberg. Am 1. Februar
1874 wurde die Strecke bis zur Landesgrenze
mit Preußen verlängert. Ein Jahr später nahm
der Bahnhof noch die Strecke nach Bischofswerda auf. Am Hausbahnsteig steht ein
Eilzug, gezogen von einer sä. III. (1902)

Abgefertigte Personen:	174102
Bedeutung im Personenverkehr:	Platz 116
Kohlenbezug:	14970 t
Güterempfang:	36872 t
Güterversand:	14956 t
Bedeutung im Güterverkehr:	Platz 190
Zuständige Betriebsdirektion:	Dresden-Neustadt
Einwohner des Ortes:	11533
Amtshauptmannschaft:	Kamenz

²/₃ gekuppelte Personenzugs-Lokomotive

Erbaut v. d. Maschinenfabrik Emil Kessler in Esslingen, 1872.

Dienstgewicht 34550 kg.

Lok sä. III, Nummer 273

Erbaut:	1872 von Esslingen
Maximale Geschwindigkeit:	70 km/h
Kesselüberdruck:	8,5bar
Treibraddurchmesser:	1525 mm
Gewicht ohne Tender leer:	31,2 t
Ausgemustert	1923

Ein Personenzug von Kamenz nach Arnsdorf.
Eine sä. VIII V2 als Zugpferd. (1915)

PULSNITZ Bahnhof

C. Schwager Nachfolger, Dresden. 5026

Bahnhof Pulsnitz

Eröffnet mit der Strecke von Arnsdorf nach Kamenz am 1. Oktober 1871. Die gläserne Bahnsteigüberdachung entlang des Empfangsgebäudes wurde 1899 errichtet. Das zweite Gleis von Pulsnitz nach Großröhrsdorf wurde am 1. August 1901 in Betrieb genommen. (1903)

Abgefertigte Personen:	160 252
Bedeutung im Personenverkehr:	Platz 124
Kohlenbezug:	31 407 t
Güterempfang:	55 697 t
Güterversand:	10 570 t
Bedeutung im Güterverkehr:	Platz 153
Zuständige Betriebsdirektion:	Dresden-Neustadt
Einwohner des Ortes:	4111
Amtshauptmannschaft:	Kamenz

Ein Beamtenwohnhaus am Bahnhof Pulsnitz

Bahnhof Großröhrsdorf

Das Empfangsgebäude ist typengleich dem von Pulsnitz. Eröffnet wurde der Bahnhof ebenfalls am 1. Oktober 1871. Das zweite Gleis nach Arnsdorf ist hier allerdings bereits 1873/74 errichtet worden.

Abgefertigte Personen:	128472
Bedeutung im Personenverkehr:	Platz 160
Kohlenbezug:	30455 t
Güterempfang:	55076 t
Güterversand:	7833 t
Bedeutung im Güterverkehr:	Platz 168
Zuständige Betriebsdirektion:	Dresden-Neustadt
Einwohner des Ortes:	8012
Amtshauptmannschaft:	Kamenz

Bahnhof Dürrröhrsdorf.

Gruss aus Dürrröhrsdorf. 9.11,05.

Verlag des Gebirgsvereins zu Dürrröhrsdorf.

Bahnhof Dürrröhrsdorf

Eröffnet mit der Strecke von Pirna nach
Arnsdorf am 1. Oktober 1875. Diese Strecke
wurde im Zusammenhang mit der Linie nach
Kamenz betrieben. 1877 nahm der Bahnhof
die Linie nach Neustadt auf, und 1908 kam
die Bahnstrecke nach Weißig–Bühlau hinzu.
(1905)

Abgefertigte Personen:	76 013
Bedeutung im Personenverkehr:	Platz 255
Kohlenbezug:	9470 t
Güterempfang:	21 962 t
Güterversand:	11 491 t
Bedeutung im Güterverkehr:	Platz 273
Zuständige Betriebsdirektion:	Dresden-Altstadt
Einwohner des Ortes:	881
Amtshauptmannschaft:	Pirna

Eisenbahnbrücke b. Dürrröhrsdorf.

Eisenbahnviadukt bei Dürrröhrsdorf

Auf der Brücke ein Personenzug mit einer sä.
III b. (1903)

Stolpen i. Sa.   *Bahnhof mit Blick auf Schloss Stolpen*

Bahnhof Stolpen

Der Bahnhof gehört zur Strecke Neustadt–Dürrröhrsdorf und wurde mit ihr am 1. Juli 1877 eröffnet. Die Strecke war ein Teil der Strecke bis Weißig–Bühlau. Diese wurde am 1. Juli 1908 eröffnet. Vor dem Empfangsgebäude eine sä. III b V. (1921)

Abgefertigte Personen:	53 937
Bedeutung im Personenverkehr:	Platz 324
Kohlenbezug:	4443 t
Güterempfang:	10 662 t
Güterversand:	6047 t
Bedeutung im Güterverkehr:	Platz 403
Zuständige Betriebsdirektion:	Dresden-Altstadt
Einwohner des Ortes:	1741
Amtshauptmannschaft:	Pirna

Lok sä. III bV, Nummer 501

Erbaut: 1889 von
                    der Sächs. Maschinenfabrik,
                          vormals R. Hartmann
Maximale Geschwindigkeit: 75 km/h
Kesselüberdruck: 12 bar
Treibraddurchmesser: 1560 mm
Gewicht leer: 37,2 t
Ausgemustert: 1923

136   Neustadt–Weißig–Bühlau

*Unfall auf der Strecke
Dürrröhrsdorf-Weißig-Bühlau.*

Am 11. Juni 1912 entgleiste infolge Schie-
nenbruchs die Lokomotive des Personenzuges
2802 unmittelbar vor Station Wünschendorf
und führ in die Bahnböschung hinein. Die Lok
legte sich zur Seite. Drei Güterwagen entglei-
sten. Verletzt wurde niemand. Der Verkehr
zwischen Weißig–Bühlau und Wünschendorf
wurde vorläufig eingestellt. Die Unfallok war
die VT Nr. 1619.

Bahnhof Weißig-Bühlau

Der Bahnhof wurde am 1. Juli 1908 eröffnet. Die Karte hat dieses Ereignis im Bild festgehalten. Der einfahrende Eröffnungszug bestand aus zwei Lokomotiven und 11 Personenwagen. Die Strecke Weißig-Bühlau nach Dürrröhrsdorf fiel nach dem zweiten Weltkrieg Reparationsleistungen zum Opfer. (1908)

Abgefertigte Personen:	20931
Bedeutung im Personenverkehr:	Platz 524
Kohlenbezug:	11844 t
Güterempfang:	176036 t
Güterversand:	250 t
Bedeutung im Güterverkehr:	Platz 388
Zuständige Betriebsdirektion:	Dresden-Altstadt
Einwohner des Ortes:	Weißig 1836/Bühlau 3541
Amtshauptmannschaft:	Dresden-Neustadt

Am Bahnhof   Königsbrück

Bahnhof Königsbrück

Er war Endstation der 1884 eröffneten
Schmalspurlinie Klotzsche–Königsbrück. Der
Umbau der Schmalspurbahn geschah 1896/97,
und am 1. April konnte der Regelspurbetrieb
eröffnet werden. Von hier wurde die Bahn
1899 weitergeführt nach Schwepnitz. Die Lok
in der Bildmitte ist eine sä. VT. (1903)

Abgefertigte Personen:	106 600
Bedeutung im Personenverkehr:	Platz 195
Kohlenbezug:	10 927 t
Güterempfang:	28 881 t
Güterversand:	20 888 t
Bedeutung im Güterverkehr:	Platz 202
Zuständige Betriebsdirektion:	Dresden-Neustadt
Einwohner des Ortes:	3730
Amtshauptmannschaft:	Kamenz

Königsbrück. Auental mit Stadtmühle.

Brücke im Auental

Am 1. Oktober 1899 wurde die 10 km lange
Strecke von Königsbrück nach Schwepnitz in
Betrieb genommen. Kurz nach Königsbrück
wurde das Auental mit einer Gerüstpfeiler-
brücke überquert. Die Brücke ist 214 m lang
und 15 m hoch. Die Baukosten beliefen sich
auf 211 933 Mark. Auf der Brücke ein Zug mit
einer sä. VT (1916)

Bahnhof Schmorkau

Bahnhof Schmorkau

Der Bahnhof wurde am 1. Oktober 1899 mit
der Strecke Königsbrück–Schwepnitz eröffnet. Zwei Milchkannen warten auf Verladung.
Rechts das hölzerne Aborthäuschen. (1916)

Abgefertigte Personen:	9563
Bedeutung im Personenverkehr:	Platz 638
Kohlenbezug:	55 t
Güterempfang:	2391 t
Güterversand:	2188 t
Bedeutung im Güterverkehr:	Platz 607
Zuständige Betriebsdirektion:	Dresden-Neustadt
Einwohner des Ortes:	561
Amtshauptmannschaft:	Kamenz

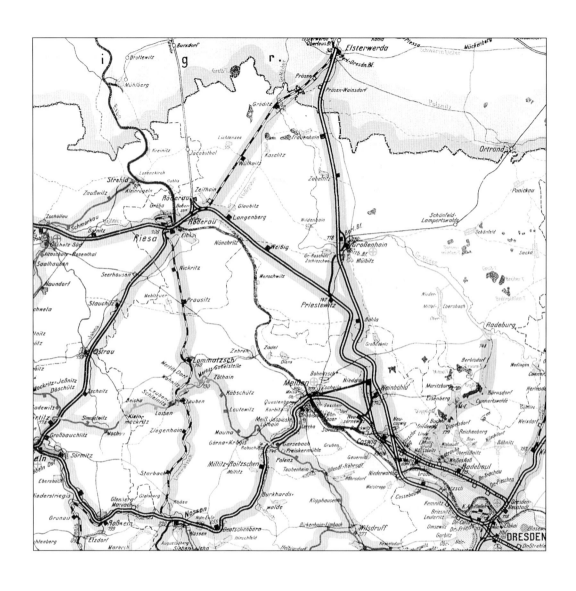

Kartenausschnitt mit dem Verlauf der Strecken
Dresden–Elsterwerda, Borsdorf–Coswig,
Großenhain–Priestewitz, Riesa–Nossen und
Zeithain–Elsterwerda

Dresden
Bahnhof Wettiner Strasse

Bahnhof Wettiner Straße

Im Verlauf der Dresdner Bahnhofsumbauten wurde dieser als Durchgangsbahnhof errichtet. Er wurde 1898 vollendet. Eine sä. VIII 2 steht an der Südseite des Bahnhofes. (1908)

Abgefertigte Personen:	1 228 922
Bedeutung im Personenverkehr:	Platz 9
Kohlenbezug:	22 t
Güterempfang:	573 t
Güterversand:	2024 t
Bedeutung im Güterverkehr:	Platz 677
Zuständige Betriebsdirektion:	Dresden-Altstadt

Dresden Hauptbahnhof

Ein häufiges Motiv das Mittelportal. Der
Umbau der Dresdner Bahnhöfe erstreckte sich
über mehrere Jahre. Die offizielle Einweihung
des Hauptbahnhofs war am 16. April 1898.
Auf der Hallenausfahrt ein Personenzug mit
der Lok „Richard Wagner". (1916)

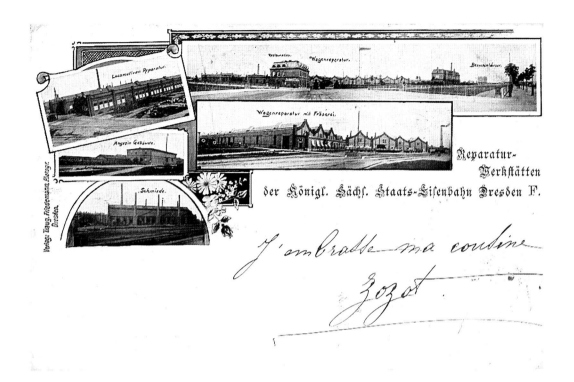

Die Reparaturwerkstätten

*der Eisenbahn in Dresden-Friedrichstadt. Die
alten Werkstätten auf dem Schlesischen
Bahnhof in Dresden mußten den Neubauten
weichen. Diese entstanden im Verlauf der
Bahnhofsumbauten in Dresden neben dem
Rangierbahnhof Dresden-Friedrichstadt.
(1903)*

Gruss aus Kemnitz Briessnitz

Photogr. und Verlag von James Aurig, Kemnitz. 8089

Haltepunkt Kemnitz

Er liegt an der am 17. Juni 1875 in Betrieb
genommenen Strecke Dresden–Elsterwerda.
Eine schlichte Bretterbude dient als Warte-
raum. Ein Zug verläßt gerade Dresden. (1901)

Abgefertigte Personen:	82 049
Bedeutung im Personenverkehr:	Platz 245
Kohlenbezug:	0 t
Güterempfang:	7 t
Güterversand:	4 t
Bedeutung im Güterverkehr:	Platz 828
Zuständige Betriebsdirektion:	Dresden-Altstadt
Einwohner des Ortes:	1372
Amtshauptmannschaft:	Dresden-Altstadt

Cossebaude. Blick v. d. Bergrestaurant.

Bahnhof Cossebaude

Eine Privatgesellschaft errichtete 1875 eine
Eisenbahnlinie Dresden–Elsterwerda–Zossen–
Berlin. Mit deren Eröffnung erhielt Cosse-
baude Bahnanschluß. Den Streckenteil
Dresden–Elsterwerda kaufte Sachsen 1888
von Preußen. (1917)

Abgefertigte Personen:	187459
Bedeutung im Personenverkehr:	Platz 106
Kohlenbezug:	12314 t
Güterempfang:	36285 t
Güterversand:	26705 t
Bedeutung im Güterverkehr:	Platz 167
Zuständige Betriebsdirektion:	Dresden-Altstadt
Einwohner des Ortes:	2887
Amtshauptmannschaft:	Dresden-Altstadt

Bahnhof Weinböhla

Am 17. Juni 1875 eröffnet. Der Personenzug steht abfahrbereit nach Dresden. An der Stirnwand des Waggons gut erkennbar der Aufstieg für den Bremser. Damals hatten nicht alle Personenwagen eine Luftbremse. Rechts unten die Wagenschlußscheibe. (1910)

Abgefertigte Personen:	128 021
Bedeutung im Personenverkehr:	Platz 162
Kohlenbezug:	5608 t
Güterempfang:	22 413 t
Güterversand:	2089 t
Bedeutung im Güterverkehr:	Platz 327
Zuständige Betriebsdirektion:	Dresden-Altstadt
Einwohner des Ortes:	6284
Amtshauptmannschaft:	Meißen

Die Bahnmeisterei V

*an der Strecke Dresden–Elsterwerda. Auf dem
Bild das Bahnmeistereigebäude in Großenhain.
(1913)*

GROSSENHAIN
Cottb. Bahnhof

Großenhainer Bahnhöfe

Der Cottbuser Bahnhof (Abb.) wurde am 14. Oktober 1862 mit der Strecke von Priestewitz eröffnet. Am 20. April 1870 konnte die Strecke von hier nach Cottbus dem Verkehr übergeben werden, und 1875 wurde noch eine Verbindung zum Bahnhof der Dresden–Elsterwerda–Berliner Linie in Großenhain (Berliner Bahnhof) hergestellt. Der Berliner Bahnhof wurde am 17. Juni 1875 eröffnet.

Abgefertigte Personen:	152 982
Bedeutung im Personenverkehr:	Platz 135
Kohlenbezug:	45 111 t
Güterempfang:	77 188 t
Güterversand:	15 795 t
Bedeutung im Güterverkehr:	Platz 107
Zuständige Betriebsdirektion:	Dresden-Altstadt
Einwohner des Ortes:	6284
Amtshauptmannschaft:	Meißen

Gruss aus Frauenhain.

Baugeschäft

Bahnhof.

Bahnhof Frauenhain

Es ist die letzte Station auf sächsischem Gebiet. Das Empfangsgebäude kann seinen preußischen Charakter nicht verleugnen. (1908)

Abgefertigte Personen:	27 943
Bedeutung im Personenverkehr:	Platz 454
Kohlenbezug:	3265 t
Güterempfang:	7716 t
Güterversand:	12 425 t
Bedeutung im Güterverkehr:	Platz 364
Zuständige Betriebsdirektion:	Dresden-Altstadt
Einwohner des Ortes:	1129
Amtshauptmannschaft:	Großen-hain

Bahnhof Gröditz

Eröffnet wurde er mit der Strecke
Zeithain–Elsterwerda am 18. Oktober 1875.
Diese Linie wurde noch von der Leipzig-
Dresdner Eisenbahn errichtet. Der sächsische
Staat übernahm die Strecke am 1. Januar
1876. Gröditz war die letzte Station vor
Preußen. (1918)

Abgefertigte Personen:	95 839
Bedeutung im Personenverkehr:	Platz 208
Kohlenbezug:	38 286 t
Güterempfang:	117 118 t
Güterversand:	46 378 t
Bedeutung im Güterverkehr:	Platz 56
Zuständige Betriebsdirektion:	Leipzig II
Einwohner des Ortes:	1736
Amtshauptmannschaft:	Großen-hain

Nossen i. Sa. Bahnhof.

Bahnhof Nossen

Der Bahnhof Nossen liegt an der Strecke
Borsdorf–Coswig. Nossen erhielt Bahnan-
schluß mit der Eröffnung der Teilstrecke
Döbeln–Nossen am 22. Dezember 1868. 1880
wurde infolge der Einmündung der Strecke
Riesa–Nossen die Gleisanlage erweitert, und
1899 mündete in Nossen noch die 750 mm
Schmalspurbahn von Wilsdruff ein. Links das
Heizhaus. (1919)

Abgefertigte Personen:	243 324
Bedeutung im Personenverkehr:	Platz 84
Kohlenbezug:	32 416 t
Güterempfang:	89 869 t
Güterversand:	38 002 t
Bedeutung im Güterverkehr:	Platz 73
Zuständige Betriebsdirektion:	Leipzig II
Einwohner des Ortes:	5132
Amtshauptmannschaft:	Meißen

Wärterhaus

am Bahnübergang der Strecke Borsdorf–Coswig
bei Munzig. Beachtenswert ist hier das Dach-
läutewerk der Leipzig-Dresdner-Eisenbahn-
gesellschaft am Wärterhaus. (1906)

154   Borsdorf–Coswig

Bahnhof Miltitz

Er wurde mit dem Streckenabschnitt Nossen–Meißen am 22. Dezember 1868 eröffnet. Den Anbau erhielt das Empfangsgebäude 1886. Ab 1. Mai 1900 bekam der Bahnhof die Bezeichnung Miltitz–Roitzschen. (1898)

Abgefertigte Personen:	70756
Bedeutung im Personenverkehr:	Platz 275
Kohlenbezug:	4308 t
Güterempfang:	25 253 t
Güterversand:	23 397 t
Bedeutung im Güterverkehr:	Platz 205
Zuständige Betriebsdirektion:	Leipzig II
Einwohner des Ortes:	569
Amtshauptmannschaft:	Meißen

Bahnhof Meißen

Der Bahnhof liegt an der Strecke Borsdorf–Coswig und wurde mit der Strecke aus Coswig am 1. Dezember 1860 eröffnet. Im Vordergrund die Drehscheibe. Davor steht eine sä. IIIb. Das alte Empfangsgebäude wurde durch ein neues ersetzt, welches am 13. Dezember 1928 eröffnet wurde.

Abgefertigte Personen:	880 054
Bedeutung im Personenverkehr:	Platz 13
Kohlenbezug:	86 315 t
Güterempfang:	166 800 t
Güterversand:	95 215 t
Bedeutung im Güterverkehr:	Platz 38
Zuständige Betriebsdirektion:	Leipzig II
Einwohner des Ortes:	39 797
Amtshauptmannschaft:	Meißen

Begehrt unter den Kartensammlern sind
Anlaßkarten. Hier ein Festgruß vom Herbstfest
der Ortsgruppe Meißen des Beamtenvereins der
Königl. Sächs. Staatsbahnen. Es fand am 27.
September 1903 im Gasthof Zaschendorf statt.

Borsdorf–Coswig   157

Beim Haltepunkt Neusörnewitz haben sich
Arbeiter der Bahnmeisterei dem Fotografen
gestellt. (1916)

158   *Borsdorf–Coswig*

Partie an der Leipzig-Dresdner Chaussé

Gruss vom Bahnhof
Prausitz i. S.

Bahnhof Prausitz

Verlag von R. Stühmer, Photogr.

Bahnhof Prausitz

Eröffnet am 5. April 1877 mit der Strecke Riesa–Lommatzsch. Den Bau dieser Strecke begann die Leipzig-Dresdner Eisenbahngesellschaft (LDE). Die LDE ging am 1. Januar 1876 in Staatseigentum über und somit auch die im Bau begriffene Strecke.

Abgefertigte Personen:	21 800
Bedeutung im Personenverkehr	Platz 512
Kohlenbezug:	3546 t
Güterempfang:	10 817 t
Güterversand:	9859 t
Bedeutung im Güterverkehr:	Platz 358
Zuständige Betriebsdirektion:	Leipzig II
Einwohner des Ortes:	379
Amtshauptmannschaft:	Großen-hain

Leuben

Bahnhof

Bahnhof Leuben

Der Bahnhof wurde mit der Strecke Lommatzsch–Nossen am 15. Oktober 1880 eröffnet. Das Empfangsgebäude entstand auch während des Bahnbaues. Davor ein Zug mit einer sä. II in Richtung Lommatzsch. (1916)

Abgefertigte Personen:	23 297
Bedeutung im Personenverkehr:	Platz 497
Kohlenbezug:	2668 t
Güterempfang:	9219 t
Güterversand:	9637 t
Bedeutung im Güterverkehr:	Platz 376
Zuständige Betriebsdirektion:	Leipzig II
Einwohner des Ortes:	662
Amtshauptmannschaft:	Meißen

Lok sä. II

Erbaut: 1875 von
                                           Esslingen
Kesselüberdruck: 9 bar
Treibraddurchmesser: 1525 mm
Gewicht leer: 28,2 t
(1904)

Bahnhof Ziegenhain i. Sa.

Wartesaal I. und II. Kl.

Wartesaal III. und IV. Kl.

Bahnhof Ziegenhain

Baugleich mit dem Bahnhof Prausitz. Er wurde jedoch erst am 15. Oktober 1880 mit der Eröffnung der Linie von Lommatzsch nach Nossen eingeweiht. Es gab wie bei den Wagenklassen auch unterschiedliche Klassen in der Ausstattung der Warteräume auf den Bahnhöfen.

Abgefertigte Personen:	19 159
Bedeutung im Personenverkehr:	Platz 543
Kohlenbezug:	3147 t
Güterempfang:	7560 t
Güterversand:	9640 t
Bedeutung im Güterverkehr:	Platz 396
Zuständige Betriebsdirektion:	Leipzig II
Einwohner des Ortes:	283
Amtshauptmannschaft:	Meißen

Großschirma b. Freiberg i. S.
Bahnhof

Oberdorf

Rittergut

Bahnhof Großschirma

Die Strecke wurde von der Leipzig-Dresdner-Eisenbahn-Companie gebaut und betrieben. Der Bahnhof wurde am 15. Juli 1873 mit der Strecke Nossen–Freiberg eröffnet. Am 1. Januar 1876 kaufte das Land Sachsen diese Eisenbahn. Das Empfangsgebäude ist ein typischer Bau, wie man ihn in Sachsen häufig antrifft.

Abgefertigte Personen:	33 586
Bedeutung im Personenverkehr:	Platz 428
Kohlenbezug:	2327 t
Güterempfang:	9085 t
Güterversand:	5566 t
Bedeutung im Güterverkehr:	Platz 424
Zuständige Betriebsdirektion:	Dresden-Altstadt
Einwohner des Ortes:	1338
Amtshauptmannschaft:	Freiberg

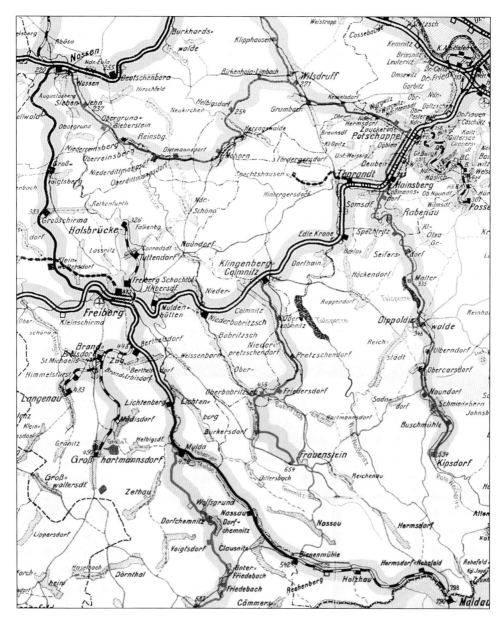

Kartenausschnitt mit dem Verlauf der Strecke
Nossen–Moldau

164

An der Linie Nossen–Moldau

*befindet sich kurz vor Freiberg dieses
Wärterhaus. Es war damals Wohnung und
Arbeitsplatz für den Bahnwärter. Am Anbau
befindet sich wieder das typische
Dachläutewerk der Leipzig-Dresdner-Eisen-
bahngesellschaft.*

Nossen–Moldau 165

Bahnhof   Berthelsdorf i. Erzgeb.   Bahnhofs-Restaurant

Hüttenteich

Bahnhof Berthelsdorf

Eröffnet am 2. November 1875 mit der
Strecke Freiberg–Mulda. Das bescheidene
Empfangsgebäude wurde infolge Einmündung
der Strecke nach Großhartmannsdorf bzw.
Langenau 1890 gebaut.

Abgefertigte Personen:	36 264
Bedeutung im Personenverkehr:	Platz 417
Kohlenbezug:	1636 t
Güterempfang:	52 262 t
Güterversand:	11 857 t
Bedeutung im Güterverkehr:	Platz 161
Zuständige Betriebsdirektion:	Dresden-Altstadt
Einwohner des Ortes:	1829
Amtshauptmannschaft:	Freiberg

Der Abzweig nach Großhartmannsdorf bzw. Langenau war in Brand (Brand-Erbisdorf). Hier eine Aufnahme vom 21. Januar 1905. Steckengeblieben waren eine sä. V und eine VII TS. Auch der Absender dieser Karte war vom vielen Schnee angetan.

Berthelsdorf-Großhartmannsdorf   167

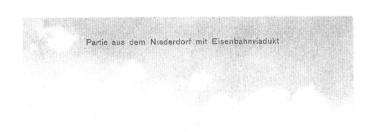

Partie aus dem Niederdorf mit Eisenbahnviadukt

〜 Gruß aus Lichtenberg i. Erzgeb. 〜

Bahnhof

Güterverkehr. Das Empfangsgebäude war ein typischer Bau,
wie er auf der ganzen Strecke
von Bienenmühle über Nossen
nach Riesa zu finden war. Auf
der Brücke zwei Güterzugloks in
Richtung Mulda.

Abgefertigte Personen:	46 406
Bedeutung im Personenverkehr:	Platz 360
Kohlenbezug:	2507 t
Güterempfang:	8734 t
Güterversand:	9139 t
Bedeutung im Güterverkehr:	Platz 387
Zuständige Betriebsdirektion:	Dresden-Altstadt
Einwohner des Ortes:	1991
Amtshauptmannschaft:	Freiberg

Bahnhof Lichtenberg

Er wurde ebenfalls mit der Strecke
Freiberg–Mulda 1875 als Güterstation eröffnet. Ab 1. Oktober 1880 erfolgte die Um-
wandlung in eine Station für Personen und

Gruss aus Mulda i. Sa. Bahnhof.

Bahnhof Mulda

Eröffnet am 2. November 1875 mit der
Strecke von Freiberg. 1897 wurde der Bahnhof Ausgangspunkt für die Schmalspurlinie
nach Sayda. Die Schmalspuranlagen befinden
sich kaum sichtbar im Hintergrund. (1907)

Abgefertigte Personen:	79 246
Bedeutung im Personenverkehr:	Platz 249
Kohlenbezug:	3435 t
Güterempfang:	17 658 t
Güterversand:	30 568 t
Bedeutung im Güterverkehr:	Platz 208
Zuständige Betriebsdirektion:	Dresden-Altstadt
Einwohner des Ortes:	1835
Amtshauptmannschaft:	Freiberg

Bahnhof Bienenmühle

Eröffnet wurde der Bahnhof mit der Fortführung der Strecke von Mulda nach Bienenmühle am 15. August 1876. Einige Jahre war er Endpunkt der Strecke von Nossen. Das Heizhaus (Lokschuppen) wurde ständig vergrößert. Wie die Abbildung verdeutlicht, erreichte es eine beachtliche Größe. (1908)

Abgefertigte Personen:	52 442
Bedeutung im Personenverkehr:	Platz 335
Kohlenbezug:	14 872 t
Güterempfang:	52 850 t
Güterversand:	38 831 t
Bedeutung im Güterverkehr:	Platz 108
Zuständige Betriebsdirektion:	Dresden-Altstadt
Einwohner des Ortes:	Ortsteil von Rechenberg
Amtshauptmannschaft:	Dippoldiswalde

Kgl. Jagdschloss Rehefeld i. Erzgeb.

Haltestelle: Hermsdorf-Rehefeld i. Erzgeb.

7209   Verlag J. Höhnl, Moldau.

Handkolorierte Künstlerkarte

Bahnhof Hermsdorf-Rehefeld

Eröffnet wurde der Bahnhof zunächst für den beschränkten Güterverkehr nach Böhmen mit der Strecke Bienenmühle–Moldau am 6. Dezember 1884. Mit diesem Abschnitt war die Strecke von Nossen nach Böhmen durchgehend befahrbar. (1908)

Abgefertigte Personen:	7103
Bedeutung im Personenverkehr:	Platz 659
Kohlenbezug:	862 t
Güterempfang:	3476 t
Güterversand:	2877 t
Bedeutung im Güterverkehr:	Platz 560
Zuständige Betriebsdirektion:	Dresden-Altstadt
Einwohner des Ortes:	1012 / 275 Hermsdorf / Rehefeld
Amtshauptmannschaft:	Dippoldiswalde

Bahnhof Moldau.

Bahnhof Moldau (Moldava)

Er war Grenzbahnhof zu Österreich. Während die sächsische Regierung den Bahnbau von Bienenmühle durchführte, übernahm es auf Böhmischer Seite die Prag-Duxer Eisenbahngesellschaft. Am 18. Mai 1885 wurde der Gesamtverkehr mit Österreich aufgenommen, während zuvor der beschränkte Güterverkehr schon eingerichtet wurde. 1945 wurde der grenzüberschreitende Verkehr eingestellt. Auf dem Bild rangiert eine österreichische 73 einen Güterzug.

Abgefertigte Personen:	17 579
Bedeutung im Personenverkehr:	Platz 557
Kohlenbezug:	1933 t
Güterempfang:	6056 t
Güterversand:	43 891 t
Bedeutung im Güterverkehr:	Platz 199
Zuständige Betriebsdirektion:	Dresden-Altstadt

Schmalspur-Strecken

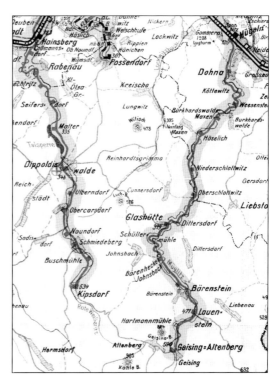

*Kartenausschnitt mit dem Verlauf der Strecken
Mügeln–Geising und Hainsberg–Kipsdorf
(oben), Zittau–Oybin und Zittau–Hermsdorf
(Mitte) sowie Herrenhut–Bernstadt*

Bahnhof Zittau

Blick über die Bahnhofsanlagen in Zittau.
Die Stadt war Ausgangspunkt der Schmal-
spurlinien nach Hermsdorf, Oybin und Johnsdorf. Im Hintergrund links die Abstellgleise
der Schmalspurpersonenwagen. In der Bildmitte die sä. VII T „Sänger" oder „Knappe".
Rechts vor der Stirnseite der Lokomotiv-
rotunde eine sä. V.

Ein beliebtes Kartenmotiv in Zittau: die Mandaukaserne. Davor ein Schmalspurzug mit einer sä. I K. (1911)

Olbersdorf O.-L.   Bahnhof Oberdorf

Bahnhof Olbersdorf–Oberdorf

Die Haltestelle wurde am 25. November 1890 mit der Strecke Zittau–Oybin eröffnet. Die Bezeichnung erhielt sie ab 23. Mai 1914. Vorher hieß sie nach der Gastwirtschaft in der Bildmitte „Zeißigschenke". Das Empfangsgebäude entstand 1913 mit dem zweigleisigen Ausbau der Strecke.

Kohlenbezug:	575 t
Güterempfang:	6534 t
Güterversand:	5220 t
Bedeutung im Güterverkehr:	Platz 462
Zuständige Betriebsdirektion:	Dresden-Neustadt
Einwohner des Ortes:	5463
Amtshauptmannschaft:	Zittau

Gruss vom Hotel Bahnhof Bertsdorf.
Post Olbersdorf bei Zittau i. S.

Bahnhof Bertsdorf

Der Bahnhof wurde ebenfalls am 25. November 1890 eröffnet. Hier gabelt sich die Schmalspurbahn nach Oybin und nach Johnsdorf. Ein Personenzug mit einer sä. I K steht abfahrbereit nach Oybin. Eine weitere I K steht am Bahnsteig nach Johnsdorf. (1907)

Kohlenbezug:	1008 t
Güterempfang:	1343 t
Güterversand:	248 t
Bedeutung im Güterverkehr:	Platz 703
Zuständige Betriebsdirektion:	Dresden-Neustadt
Einwohner des Ortes:	2055
Amtshauptmannschaft:	Zittau

Oybin — Bahnhof

Bahnhof Oybin

Endpunkt der Strecke Zittau–Oybin, eröffnet
am 25. November 1890. Auf dem Bild eine
sä. IV K. Rechts ein Lademaß aus Holz. Im
Hintergrund der Oybin. (1907)

Kohlenbezug:	649 t
Güterempfang:	2594 t
Güterversand:	592 t
Bedeutung im Güterverkehr:	Platz 659
Zuständige Betriebsdirektion:	Dresden-Neustadt
Einwohner des Ortes:	784
Amtshauptmannschaft:	Zittau

Bahnhof Reibersdorf

O. W. G. Zittau 8. Verteilungsstelle in Reibersdorf

Markt

Reibersdorf b. Zittau i. Sa.

Bahnhof Reibersdorf

Eine weitere Schmalspurbahn von Zittau fuhr nach Hermsdorf i. B. Eröffnet wurde die Haltestelle mit dem Streckenabschnitt Zittau–Markersdorf am 11. November 1884. Die Haltestelle besaß ein massives Haltestellengebäude mit angebautem Güterschuppen.

Kohlenbezug:	154 t
Güterempfang:	1660 t
Güterversand:	1874 t
Bedeutung im Güterverkehr:	Platz 650
Zuständige Betriebsdirektion:	Dresden-Neustadt
Einwohner des Ortes:	1417
Amtshauptmannschaft:	Zittau

Reichenau, Sa. Bahnhof.

Bahnhof Reichenau

Er wurde ebenfalls am 11. November eröffnet
und war die größte und bedeutendste Unterwegsstation der Linie Zittau–Hermsdorf i. B.
1961 wurde hier der Schmalsspurbetrieb eingestellt. Heute befindet sich an dieser Stelle
ein Busbahnhof. (1905)

Kohlenbezug:	3330 t
Güterempfang:	15 226 t
Güterversand:	15 740 t
Bedeutung im Güterverkehr:	Platz 286
Zuständige Betriebsdirektion:	Dresden-Neustadt
Einwohner des Ortes:	7386
Amtshauptmannschaft:	Zittau

Haltestelle Wald-Oppelsdorf

Die Haltestelle besaß anfangs eine Wartehalle und einen Güterwagenkasten. Bis zum 30. April 1893 hieß die Haltestelle nur „Wald". Links der Vorbau an der Wartehalle. Im Hintergrund das Restaurant „Friedrich-August-Bad".

Kohlenbezug:	54 t
Güterempfang:	323 t
Güterversand:	163 t
Bedeutung im Güterverkehr:	Platz 740
Zuständige Betriebsdirektion:	Dresden-Neustadt
Einwohner des Ortes:	240
Amtshauptmannschaft:	Zittau

Bahnhof   Gruss aus Hermsdorf i. B.

Bahnhof Hermsdorf i.B.

Die Schmalspurlinie Zittau–Markersdorf wurde fortgesetzt nach Böhmen. Der Streckenabschnitt Markersdorf–Hermsdorf i.B. wurde am
25. August 1900 eröffnet. Gleichzeitig wurde
von Österreich die Bahn von Friedland nach
Hermsdorf errichtet. Der Bahnhof war Grenz-
station und wurde von beiden Bahnverwal-
tungen genutzt. Der Bahnhof ist bis 1976 von
der ČSD betrieben worden.(1910)

Kohlenbezug:	110 t
Güterempfang:	1768 t
Güterversand:	18 941 t
Bedeutung im Güterverkehr:	Platz 357
Zuständige Betriebsdirektion:	Dresden-Neustadt

Oberrennersdorf

Schloss

Haltestelle Oberrennersdorf

Eröffnet am 1.Dezember 1895 mit der Strecke Herrnhut–Bernstadt. Das Haltestellengebäude war aus Holz. Der gemischte Zug aus Herrnhut fährt geraden in die Haltestelle ein. Er wird von einer sä. I K gezogen.(1914)

Kohlenbezug:	491 t
Güterempfang:	1201 t
Güterversand:	535 t
Bedeutung im Güterverkehr:	Platz 695
Zuständige Betriebsdirektion:	Dresden-Neustadt
Einwohner des Ortes:	439
Amtshauptmannschaft:	Löbau

Bahnhof.

BERNSTADT i. Sachsen.

Bahnhof Bernstadt

Endbahnhof der 1895 eröffneten Linie
Herrnhut–Bernstadt. Das Empfangsgebäude
unverputzt in Ziegelbauweise. Am Bahnsteig
eine sä. I K abfahrbereit nach Herrnhut. Links
der Güterschuppen.

Kohlenbezug:	6550 t
Güterempfang:	10 406 t
Güterversand:	3771 t
Bedeutung im Güterverkehr:	Platz 430
Zuständige Betriebsdirektion:	Dresden-Neustadt
Einwohner des Ortes:	1435
Amtshauptmannschaft:	Löbau

Dürrhennersdorf

Blick von der Kirche

Pendelpfeilerbrücke

Kurz nach dem Bahnhof Dürrhennersdorf
Richtung Taubenheim befand sich diese
bemerkenswerte Pendelpfeilerbrücke der
Schmalspurbahn. Sie war 56 m lang und 11 m
hoch.

Gruß aus Beiersdorf, O.-L.

Schule.

Bahnstation u. Kretscham.

Bahnhof Beiersdorf

Die Haltestelle wurde mit der Strecke Taubenheim–Dürrhennersdorf am 1.November 1892
eröffnet. Die Wartehalle aus Holz hielt sich
über viele Jahre. Später wurde ein Dienst-
raum angebaut. Das Gleis im Vordergrund
führt zu einer Laderampe. (1917)

Kohlenbezug:	3280 t
Güterempfang:	6377 t
Güterversand:	3630 t
Bedeutung im Güterverkehr:	Platz 491
Zuständige Betriebsdirektion:	Dresden-Neustadt
Einwohner des Ortes:	1578
Amtshauptmannschaft:	Löbau

Gruss vom Bahnhofshotel Kohlmühle.

Bahnhof Kohlmühle

Kohlmühle hatte Bahnanschluß mit der Eröffnung der Strecke Schandau–Neustadt am 1. Juli 1877. Hier ist die Ausfahrt der Schmalspurbahn nach Hohnstein zu sehen. Diese Schmalspurbahn wurde am 1. Mai 1897 eröffnet.

Abgefertigte Personen:	35 019
Bedeutung im Personenverkehr:	Platz 423
Kohlenbezug:	2191 t
Güterempfang:	4425 t
Güterversand:	5805 t
Bedeutung im Güterverkehr:	Platz 487
Zuständige Betriebsdirektion:	Dresden-Neustadt
Einwohner des Ortes:	Ortsteil von Goßdorf
Amtshauptmannschaft:	Pirna

Lohsdorf, Sächs. Schweiz

Haltestelle Lohsdorf

Eröffnet mit der Schmalspurbahn nach
Kohlmühle–Hohnstein 1897. In der Mitte die
Holzwartehalle und rechts der Freiabort. Am
Bahnhof änderte sich im Laufe des Betriebs
wenig. In der Haltestelle ein Zug nach
Kohlmühle.

Kohlenbezug:	299 t
Güterempfang:	665 t
Güterversand:	221 t
Bedeutung im Güterverkehr:	Platz 721
Zuständige Betriebsdirektion:	Dresden-Neustadt
Einwohner des Ortes:	392
Amtshauptmannschaft:	Pirna

Menü-Karte zur Einweihung der Müglitzthalbahn. Geladen war hier Bureau-Assistent Seifert.

Dohna ⋮ *Burg*

Bahnhof Dohna

Der Bahnhof wurde am 18. November 1890 mit der Linie Mügeln–Geising eröffnet. Der Personenzug in Richtung Heidenau wird von einer sä. V K gezogen. Beim Umbau der Strecke in Regelspur 1938 wurde das Empfangsgebäude stark umgebaut. (1912)

Güterempfang:	53 690 t
Güterversand:	17 041 t
Bedeutung im Güterverkehr:	Platz 145
Zuständige Betriebsdirektion:	Dresden-Altstadt
Einwohner des Ortes:	4347
Amtshauptmannschaft:	Pirna

Schmalspur-Lok sä. V K Nummer 203

Erbaut:	1901 von der Sächs. Maschinenfabrik, vormals R. Hartmann
Maximale Geschwindigkeit:	30 km/h
Kesselüberdruck:	14 bar
Treibraddurchmesser:	855 mm
Gewicht leer:	22,8 t
Ausgemustert:	1934

Mügeln–Geising   191

Glashütte i. Sa.

BAHNHOFS-VIERTEL UND SCHÜTZENS-HÖHE

Bahnhof Glashütte

Ebenfalls 1890 eröffnet. Während des Hochwassers 1927 wurde der Bahnhof sehr in Mitleidenschaft gezogen. Mit Hochwasser hatte die gesamte Strecke mehrmals zu kämpfen. An der Ladestraße ein Güterzug mit Holz und Kohle beladen. (1921)

Kohlenbezug:	7648 t
Güterempfang:	15 075 t
Güterversand:	5991 t
Bedeutung im Güterverkehr:	Platz 350
Zuständige Betriebsdirektion:	Dresden-Altstadt
Einwohner des Ortes:	2674
Amtshauptmannschaft:	Dippoldiswalde

Bärenhecke - Johnsbach   Gruss aus dem Müglitzthale

2065 Paul Heine, Dresden-N., Döbelnerstr. 3

Haltestelle Bärenhecke-Johnsbach

Die Haltestelle wurde auch mit der Strecke am
18. November 1890 eröffnet. Im Vordergrund
eine Vollwandträgerbrücke über die Müglitz.
Im Hintergrund die bescheidenen Bahnanlagen. (1903)

Kohlenbezug:	430 t
Güterempfang:	4847 t
Güterversand:	3011 t
Bedeutung im Güterverkehr:	Platz 527
Zuständige Betriebsdirektion:	Dresden-Altstadt
Einwohner des Ortes:	865
Amtshauptmannschaft:	Dippol-diswalde

Lauenstein. Bahnhof.

1808 Brück & Sohn. Meissen

Bahnhof Lauenstein

1890 mit der Strecke Mügeln–Geising eröffnet. Eine Vergrößerung des Haltestellen-
gebäudes, rechts im Bild, geschah 1896. An
der Laterne die Leiter für den „Anzünder".
Links das Bahn-Hotel. (1908)

Kohlenbezug:	1260 t
Güterempfang:	6874 t
Güterversand:	17 745 t
Bedeutung im Güterverkehr:	Platz 324
Zuständige Betriebsdirektion:	Dresden-Altstadt
Einwohner des Ortes:	874
Amtshauptmannschaft:	Dippoldiswalde

Müglitztalbahn bei Bärenstein

Der Zug wird von einer sä. VI K gezogen.
(1925)

Geising i. sächs. Erzgeb.   Stadtpark

Ein Zug aus Mügeln auf der Fahrt in den
Bahnhof Geising. Der Gerüstpfeilerviadukt
hatte eine Länge von 65 m. Hier wurde beim
Umbau in Regelspur eine Spannbetonbrücke
errichtet. Die Lok ist eine sä. V K.

196   Mügeln–Geising

GEISING i. Sa.
Gruss vom Sportfest

S. M. König Friedrich August.

Bahnhof Geising

Endpunkt der Strecke Mügeln–Geising, am
1. November 1890 eröffnet. Eine Verlänge-
rung der Strecke von Geising nach Altenberg
wurde 1923 in Betrieb genommen. Bis zu diesem Zeitpunkt war die Bezeichnung des
Bahnhofes Geising-Altenberg. Hier ein Win-
tersportzug im Bahnhof.

Kohlenbezug:	2300 t
Güterempfang:	9035 t
Güterversand:	5468 t
Bedeutung im Güterverkehr:	Platz 427
Zuständige Betriebsdirektion:	Dresden-Altstadt
Einwohner des Ortes:	1316
Amtshauptmannschaft:	Dippol-diswalde

Rabenauer Grund.

*Rabenauer Grund an der Linie Hainsberg–Kips-
dorf. Der Zug ist mit einer sä. IV K bespannt.
(1917)*

198   *Hainsberg–Kipsdorf*

Spechtritzmühle ~ Wasserfall

Ein Personenzug verläß die Haltestelle Spech-
tritz. Er wird gezogen von einer sä. V K. (1904)

Hainsberg–Kipsdorf　　199

Seifersdorf, 9/5. 03.   Rabenauer Grund

Orig.-A. Hugo Engler, Dresden 0z-170 Ges. gesch.

Haltestelle Seifersdorf

Ein Güterzug verläßt die Haltestelle in Richtung Kipsdorf. Die Haltestelle befindet sich rechts. Am Rande ist noch der Güterschuppen erkennbar. Die Haltestelle wurde 1912 verlegt und neu errichtet. (1903)

Kohlenbezug:	659 t
Güterempfang:	6894 t
Güterversand:	3977 t
Bedeutung im Güterverkehr:	Platz 475
Zuständige Betriebsdirektion:	Dresden-Altstadt
Einwohner des Ortes:	983
Amtshauptmannschaft:	Dippoldiswalde

Bahnhof Dippoldiswalde

Größter Unterwegsbahnhof und mit dem Streckenabschnitt Hainsberg–Schmiedeberg am 1. November 1882 eröffnet. Hier waren Zugkreuzungen von Anfang an vorgesehen. Das Empfangsgebäude wurde hier bereits aufgestockt.

Kohlenbezug:	8826 t
Güterempfang:	27 584 t
Güterversand:	9786 t
Bedeutung im Güterverkehr:	Platz 258
Zuständige Betriebsdirektion:	Dresden-Altstadt
Einwohner des Ortes:	4255
Amtshauptmannschaft:	Dippoldiswalde

Gruss aus Obercarsdorf. Haltestelle.

Haltepunkt Obercarsdorf

Eröffnet 1882. Die Wartehalle errichtete man jedoch erst 1901 aus Holz. Hinter der Haltestelle die Bäckerei von Robert Liebstein. Er war eine Zeitlang hier als Güteragent tätig.

Kohlenbezug:	249 t
Güterempfang:	2421 t
Güterversand:	5776 t
Bedeutung im Güterverkehr:	Platz 520
Zuständige Betriebsdirektion:	Dresden-Altstadt
Einwohner des Ortes:	671
Amtshauptmannschaft:	Dippoldiswalde

Schmiedeberg im Erzgebirge

Schenk's Hotel

Bahnhof Schmiedeberg

Bis zur Eröffnung der Fortsetzung der Strecke 1883 nach Kipsdorf war er Endstation. Der Zug nach Kipsdorf ist mit einer sä. V K bespannt. (1926)

Kohlenbezug:	9534 t
Güterempfang:	32593 t
Güterversand:	13444 t
Bedeutung im Güterverkehr:	Platz 216
Zuständige Betriebsdirektion:	Dresden-Altstadt
Einwohner des Ortes:	2402
Amtshauptmannschaft:	Dippol-diswalde

Bahnhof Kipsdorf

Eröffnet am 3. September 1883 und Endstation der Linie Hainsberg–Kipsdorf. Die Aufnahme zeigt den Bahnhof um 1900. Rechts das Heizhaus. (1902)

Kohlenbezug:	941 t
Güterempfang:	4304 t
Güterversand:	357 t
Bedeutung im Güterverkehr:	Platz 604
Zuständige Betriebsdirektion:	Dresden-Altstadt
Einwohner des Ortes:	467
Amtshauptmannschaft:	Dippoldiswalde

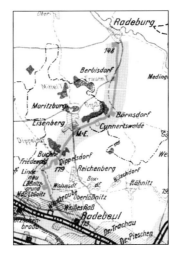

*Kartenausschnitte mit dem Verlauf der Strecken
Radebeul–Radeburg und Mulda–Sayda (oben)
sowie Potschappel–Nossen (unten)*

Blick vom Kurhaus Friedewald   Lössnitzgrund bei Dresden

Im Lößnitzgrund an der Bahnstrecke Radebeul–Radeburg. Die Aufnahme zeigt einen gemischten Zug beim Kurhaus Friedewald mit einer IV K. (1906)

Radeburg   Bahnhof m. Bahnhofs-Restaurant

Bahnhof Radeburg.
Endbahnhof der Linie Radeberg–Radeburg,
am 16. September 1884 eröffnet. Ein Zug mit
einer sä. IV K steht abfahrbereit im Bahnhof.
Links Regelspurwagen auf sogenannten
Rollböcken. Auf dieser Strecke findet heute
Traditionsbetrieb statt.

Kohlenbezug:	9444 t
Güterempfang:	21074 t
Güterversand:	24781 t
Bedeutung im Güterverkehr:	Platz 218
Zuständige Betriebsdirektion:	Dresden-Neustadt
Einwohner des Ortes:	3068
Amtshauptmannschaft:	Großen-hain

Lok sä. IV K Nummer 161

Erbaut:	1910 von der Sächs. Maschinenfabrik, vormals R. Hartmann
Maximale Geschwindigkeit:	30 km/h
Kesselüberdruck:	14 bar
Treibraddurchmesser:	760 mm
Gewicht ohne Tender leer:	23 t
Ausgemustert:	1945 von SMAD beschlagnahmt

Klingenberg i. Sa.   *Bahnhof*

Bahnhof Klingenberg
Hier die Schmalspurseite des Bahnhofes,
Ausgangspukt der Linie nach Frauenstein. Der
Bahnhof entstand 1862 beim Bau der Linie
Tharandt–Freiberg. Die Schmalspuranlagen
wurden 1898 errichtet. Rechts der Kohlen-
schuppen der Schmalspurbahn.

Klingenberg-Colmnitz-Frauenstein   *209*

PRETZSCHENDORF i. Sa.

Bahnhof Pretzschendorf

Er liegt an der Schmalspurlinie Klingenberg–Colmnitz–Frauenstein und wurde mit der Strecke am 15. September 1898 eröffnet. Das Haltstellengebäude in der Bildmitte war aus Holz, dahinter befand sich der Freiabort. (1912)

Kohlenbezug:	1346 t
Güterempfang:	6164 t
Güterversand:	3384 t
Bedeutung im Güterverkehr:	Platz 500
Zuständige Betriebsdirektion:	Dresden-Altstadt
Einwohner des Ortes:	1369
Amtshauptmannschaft:	Dippol-diswalde

Bahnstrecke Burkersdorf-Frauenstein.

*Winterszene zwischen
Burkersdorf und Frauenstein*

*Die Eisenbahnlinien hatten im Winter oftmals
mit Schneeverwehungen zu kämpfen. Es gab
besonders gefährdete Stellen. Manchmal kam
sogar der Verkehr zum Erliegen. (1908)*

Klingenberg-Colmnitz-Frauenstein   *211*

Zauckerode

Haltestelle Zauckerode

Eröffnet am 1. Oktober 1886 mit der Strecke
Potschappel–Wilsdruff. Die bescheidenen
Bahnanlagen bestanden aus zwei Gleisen,
einem Wirtschaftsgebäude und einer
Wartehalle aus Holz. Ab 1921 wurde die
Haltestelle Freital-Zauckerode benannt.
(1926)

Kohlenbezug:	0 t
Güterempfang:	0 t
Güterversand:	0 t
Zuständige Betriebsdirektion:	Dresden-Altstadt
Einwohner des Ortes:	2011
Amtshauptmannschaft:	Dresden-Altstadt

Bahnhof Wurgwitz-Niederhermsdorf

Diese Bezeichnung erhielt er ab dem 1. Mai 1904. Vorher hieß er Niederhermsdorf. Er wurde ebenfalls am 1. Oktober 1886 eröffnet. Vor dem Empfangsgebäude zwei sä. IV K. 1921 erhielt der Bahnhof die Bezeichnung Wurgwitz.

Kohlenbezug:	796 t
Güterempfang:	1199 t
Güterversand:	751 t
Bedeutung im Güterverkehr:	Platz 690
Zuständige Betriebsdirektion:	Dresden-Altstadt
Einwohner des Ortes:	1056 / 1002 Wurgwitz / Niederhermsdorf
Amtshauptmannschaft:	Dresden-Altstadt

Bahnhof Wilsdruff

Eröffnet am 1. Oktober 1886 mit der Strecke nach Pottschappel. 1899 kam die Linie nach Nossen hinzu, und am 1. Oktober fand die Eröffnung der Linie Wilsdruff–Meißen–Triebischthal–Löthain statt. Wilsdruff war Zentrum und Knoten des nach ihm benannten Netzes. Hier eine Aufnahme vom Empfangsgebäude und ein Blick über die Bahnanlagen. (1918)

Kohlenbezug:	5661 t
Güterempfang:	20924 t
Güterversand:	7930 t
Bedeutung im Güterverkehr:	Platz 297
Zuständige Betriebsdirektion:	Dresden-Altstadt
Einwohner des Ortes:	3845
Amtshauptmannschaft:	Meißen

An der Strecke zwischen Herzogswalde und Mohorn. Im Hintergrund Kurbad und Restaurant „Tännichtmühle". Rechts im Bild eine sä. IV K.

Mohorn. Bahnhof.

Bahnhof Mohorn

Ebenfalls am 1. Februar 1899 eröffnet. Er war die wichtigste Zwischenstation. Hier gab es ein Heizhaus für vier Lokomotiven. Auf dem Bild eine sä. IV K in Richtung Nossen.

Kohlenbezug:	2035 t
Güterempfang:	3877 t
Güterversand:	1813 t
Bedeutung im Güterverkehr:	Platz 575
Zuständige Betriebsdirektion:	Dresden-Altstadt
Einwohner des Ortes:	1556
Amtshauptmannschaft:	Dresden-Altstadt

Siebenlehn - Haltestelle

Haltestelle Siebenlehn

Ebenfalls am 1. Februar 1899 eröffnet. Entladearbeiten bei einem aufgebockten Normalspurwagen. Im Hintergrund die Beiermühle. Am 17. Februar 1896 brannte die Papierfabrik ab. Später wurden hier Lederwaren hergestellt.

Kohlenbezug:	1895 t
Güterempfang:	5144 t
Güterversand:	3925 t
Bedeutung im Güterverkehr:	Platz 510
Zuständige Betriebsdirektion:	Dresden-Altstadt
Einwohner des Ortes:	2330
Amtshauptmannschaft:	Meißen

Haltestelle Polenz

Haltestelle Polenz

Mit der Strecke Wilsdruff–Meißen am
1. Oktober 1909 eröffnet. Die Haltestelle lag
weit vom Ort entfernt. Sie besaß ein Aus-
weichgleis und ein Ladegleisstumpf. Die
Gebäude waren aus Holz.

Kohlenbezug:	287 t
Güterempfang:	1376 t
Güterversand:	2248 t
Bedeutung im Güterverkehr:	Platz 645
Zuständige Betriebsdirektion:	Dresden-Altstadt
Einwohner des Ortes:	245
Amtshauptmannschaft:	Meißen

Preiskermühle b. Meissen
Haltestelle

Haltepunkt Preiskermühle

Eröffnet am 1. Oktober 1909 mit der Linie Wilsdruff–Meißen. Eine sä. IV K ist unterwegs mit einem Personenzug nach Polenz. (1914)

Zuständige Betriebsdirektion:	Dresden-Altstadt
Einwohner des Ortes:	zu Kettewitz gehörig
Amtshauptmannschaft:	Meißen

Mulda (Erzgeb.)
Bezirk Dresden

Bahnbrücke

Bahnbrücke

Kurz nach dem Bahnhof in Mulda befand sich
diese imposante Brücke der Schmalspurbahn
nach Sayda.(1917)

220   *Mulda–Sayda*

Dorfchemnitz (Bez. Dresden) m. Bahnhof u. Hermann Krehers Stuhlfabrik

Bahnhof Dorfchemnitz, bei Dresden

Unterwegsstation der Schmalspurlinie Mulda–Sayda und mit der Strecke am 1. Juli 1897 eröffnet. Das Haltestellengebäude war ein Holzbau. Rechts der Güterschuppen. (1918)

Kohlenbezug:	509 t
Güterempfang:	3658 t
Güterversand:	834 t
Bedeutung im Güterverkehr:	Platz 612
Zuständige Betriebsdirektion:	Dresden-Altstadt
Einwohner des Ortes:	1323
Amtshauptmannschaft:	Freiberg

Gruß aus dem Erzgebirge.

Bahnhof Sayda.

Robert Schneider. Olbernhau.

Bahnhof Sayda

Endpunkt der Schmalspurstrecke. Der Bahnhof wurde ebenfalls am 1. Juli 1897 eröffnet.
Ein Schmalspurzug steht abfahrbereit nach
Mulda. Links das Heizhaus. Der Betrieb auf
dieser Linie wurde 1966 eingestellt.

Kohlenbezug:	3176 t
Güterempfang:	8125 t
Güterversand:	1018 t
Bedeutung im Güterverkehr:	Platz 509
Zuständige Betriebsdirektion:	Dresden-Altstadt
Einwohner des Ortes:	1311
Amtshauptmannschaft:	Freiberg

STREHLA Bahnhof

Verlag von Richard Franke, Strehla.

Bahnhof Strehla

Endbahnhof der Strecke Oschatz–Strehla, am
31. Dezember 1891 eröffnet. Eine Verlänge-
rung zum Elbkai erfolgte ein halbes Jahr später. Am Schluß des Zuges befindet sich ein
kleiner zweiachsiger Bahnpostwagen. (1907)

Kohlenbezug:	10 763 t
Güterempfang:	28 914 t
Güterversand:	20 561 t
Bedeutung im Güterverkehr:	Platz 203
Zuständige Betriebsdirektion:	Leipzig II
Einwohner des Ortes:	3182
Amtshauptmannschaft:	Oschatz

Deutsche Eisenbahntruppen.   Feldbahnunterbau,

Deutsche Eisenbahntruppen.   Viadukt bei Luga.

Gruss aus Schänitz

Feldbahnübung 1909

Vom 5. August bis zum 22. September 1909 kam es in Sachsen zu einer Feldbahnübung. Es wurde eine 36,7 km lange Feldbahn der Spurweite 600 mm von Weißig nach Seeling-stadt gebaut. Am 31. August war die gesamte Strecke befahrbar. Eine starke Steigung bei Zscheilitz wurde mit einer Seilbahn überwunden. Betrieben wurde die Bahn nur sieben Tage. Die technische Leistung erstaunte, jedoch den militärischen Nutzen bezweifelte man. Ansicht auf die Pontonbrücke und den Bahnhof Schänitz. (S. 225) Bau des Viaduktes bei Luga. Er war 280 m lang und 23 m hoch. (S. 224 unten)

Ortsverzeichnis

Verzeichnis der Lokomotiven

Quellenverzeichnis

Dumjahn, L. F.: Handbuch der deutschen
Eisenbahnstrecken, Mainz 1984

Kieper, K./Preuß, R./Rehbein, E.: Schmal-
spurbahnarchiv, Berlin 1980

Näbrich, F./Meyer, G./Preuß, R.: Lokomotiv-
Archiv Sachsen, Bde. 1 und 2, Berlin 1984

Preuß, R./Preuß, E.: Sächsische
Staatseisenbahnen, Berlin 1991

Sächsisches Finanzministerium: Statistischer
Bericht über den Betrieb der unter
Königlich Sächsischer Staatsverwaltung
stehenden Staats- und Privateisen-
bahnen, Jahrgänge 1875 bis 1919

Ulbricht, L. F.: Geschichte der Königlich
Sächsischen Staatseisenbahnen, Dresden
1889